MW01443405

LEY DEL CONTADOR PÚBLICO AUTORIZADO DE PANAMÁ

2024

Ley 280 de 30 de diciembre de 2021

Que regula el ejercicio de la profesión de contador público autorizado

Incluye el Decreto 26 de 17 de mayo de 1984, por el cual se aprueba el Código de Ética Profesional para los Contadores Públicos Autorizados, Reglamentos y Jurisprudencia

La Ley 280 de 30 de diciembre de 2021 está publicada en la Gaceta Oficial No. 29445-E y el Decreto 26 de 17 de mayo de 1984 está publicado en la Gaceta Oficial No. 20070

Edición realizada por Mario A. Beccabunco, el 26 de enero de 2024, Panamá
Email: mbeccabunco@cpa.com.pa

Esta obra tiene fines didácticos y el editor no asume responsabilidad por errores de transcripción o contenido. Refiérase al texto original publicado en la Gaceta Oficial para propósitos legales

Índice

Disposiciones Generales de los Actos de la Profesión del Contador Público Autorizado 9

Licencia de Idoneidad 15

Del Ejercicio de la Profesión 17

Código De Ética 20

Junta Técnica De Contabilidad 23

Asociaciones de Profesionales 35

Prohibiciones y Sanciones 37

Disposiciones Finales 42

Código de Ética Profesional para los Contadores Públicos Autorizados **48**

Independencia con Respecto a los Clientes, Integridad y Objetividad 49

Competencia y Normas Técnicas 57

Responsabilidad con los Clientes 60

Responsabilidades en el Ejercicio de la Profesión 62

Responsabilidad Frente al Público y Otras Regulaciones 65

El Contador Público Autorizado en la Docencia 70

El Contador Público Autorizado en los Sectores Públicos y Privado 71

Sanciones 73

Reglas De Conducta, Definiciones Y Aplicaciones **75**

Aplicación de las Reglas de Conducta 79

Independencia Respecto a los Clientes 81

Integridad y Objetividad 89

Competencia 90
Pronunciamientos de Auditoría 92
Normas de Contabilidad Financiera 94
Sobre Proyecciones Financieras 96
Información Confidencial del Cliente 97
Honorarios Contingentes 99
Intromisión 100
Ofertas de Empleo 102
Actos de Descredito 102
Publicidad y Otras Formas de Promoción Profesional 103
Comisiones 104

Resolución No. 11 de 2011: Procedimiento para el trámite e investigación de las denuncias que se presenten ante la Junta Técnica de Contabilidad 107

Resolución No. 1 de 2020: Reglamento de la Comisión de Normas Técnicas de Contabilidad Financiera y Auditoría (NOCOFIN) 115

Resolución No. 2 de 2022: Que deja establecido que no existe ni ha existido ningún documento denominado "CARNÉ DE IDONEIDAD" 131

EXPOSICIÓN DE MOTIVOS

En 1978 se aprueba la Ley 57 de 1 de septiembre por la cual se reglamenta el ejercicio de la Profesión de Contador Público en todo el territorio nacional y se crea a través de su artículo (13) la Junta Técnica de Contabilidad, como un organismo encargado de regular el ejercicio de la profesión de los Contadores Públicos, siendo una de sus principales funciones expedir las licencias de idoneidad para ejercer la profesión, así como uno de sus objetivos primordiales mantener la vigilancia del ejercicio profesional con el objeto de que este se realice dentro del más alto plano técnico y ético, con la colaboración de las Asociaciones Profesionales de los Contadores Públicos.

La profesión de Contador Público tiene una alta responsabilidad y actuación en un sin número de actos y actividades en los que sus servicios y actuaciones dan fe pública y certeza razonable de la información relacionada con la función técnica de producir, de manera sistemática y estructural, información cuantitativa en términos monetarios, de las transacciones financieras, que realizan las personas naturales y jurídicas, públicas o privadas y de los hechos financieros, económicos y patrimoniales que las afectan y, de comunicar dicha información, con objeto de facilitar a los diversos interesados la toma de decisiones de carácter financiero en relación con el desarrollo de sus actividades respectivas.

El presente ante proyecto de Ley, fue el resultado de un trabajo conjunto con todos los gremios de los Contadores Públicos del país organizados, e interesados en contar con un nuevo instrumento jurídico que esté acorde con los adelantos en los procedimientos y normas contables que actualmente el mundo económico, comercial y financiero requieren para constituirse de manera certera y confiable en la base de las actos y actuaciones económicas que se realizan en panamá e internacionalmente.

En la actualidad en nuestro país hay aproximadamente 25,000 Contadores Públicos idóneos según los registros de la Junta Técnica de Contabilidad, egresados tanto de universidades nacionales como internacionales. Estos profesionales han aportado al desarrollo social, cultural, político, histórico y económico gracias a sus bien fundamentadas ejecutorias dentro y fuera de Panamá.

Por lo antes expuesto y con el fin de darle a la profesión de Contador Público, una moderna y adecuada normativa jurídica, que de seguridad al ejercicio de la profesión y de los actos donde intervienen, tanto en lo público como privado, nacional e internacionalmente, le solicitamos a los Honorables Diputados nos apoyen con sus aportes y posteriormente con su voto favorable al presente proyecto de ley.

H.D.

MELCHOR HERRERA

Ley 280

De 30 de diciembre de 2021

Que regula el ejercicio de la profesión de contador público autorizado

LA ASAMBLEA NACIONAL

DECRETA:

CAPITULO I

Disposiciones Generales de los Actos de la Profesión del Contador Público Autorizado

Artículo 1. El contador público autorizado es la persona que posee la idoneidad profesional establecida por la presente Ley y que está facultada para ejercer los actos propios de la profesión de la contabilidad, de acuerdo con lo que dispongan esta Ley y las disposiciones reglamentarias correspondientes.

Artículo 2. Son actos propios del ejercicio de la profesión de contador público autorizado, ya sea en forma de presentación manual, computarizada, digital o de cualquier tipo o medio electrónico o de comunicación, todos aquellos servicios que den fe pública sobre la veracidad de la información relacionada con la función técnica de producir, de manera sistemática y estructural, información cuantitativa, en términos monetarios, de las transacciones económicas que realizan las personas naturales y jurídicas, públicas y privadas, así como de los hechos económicos que las afectan y, de comunicar dicha información, con el objeto de facilitar a los diversos interesados la toma de decisiones de carácter financiero en relación con el desarrollo de sus actividades respectivas. También constituyen actos propios de la profesión de contador público autorizado, los siguientes:

1. El registro sistemático de las transacciones financieras, económicas y patrimoniales, así como el análisis de información y documentos mediante cualquier método de estas transacciones.
2. La auditoría externa, el dictamen o refrendo de los estados financieros, contraloría, auditoría interna, tesorería y presupuesto.
3. La revisión, compilación, preparación, análisis e interpretación de estados financieros, sus anexos y otra información financiera.

4. La planificación, diseño, instalación o reformas de sistemas de contabilidad.

5. La intervención, comprobación, verificación, y fiscalización de los registros de contabilidad, y los documentos relacionados con estos, así como la certificación sobre exactitudes o veracidades.

6. Las asesorías, consultorías, peritajes fiscales, judiciales, administrativos y de cualquier otra naturaleza sobre transacciones, negocios o documentos que contengan registros y/o información contable o financiera.

7. La participación como perito para la presentación de informes periciales en investigaciones judiciales y de jurisdicciones de cuentas, cuando impliquen informes de contabilidad o de auditorías relacionadas con los tributos, tasas y otros gravámenes nacionales y municipales, así como el uso y manejo de fondos públicos.

8. La dirección, ejecución y supervisión de cualesquiera de los trabajos anteriormente mencionados.

9. El refrendo de las declaraciones juradas de renta nacional y municipal, así como de otros tributos, cuyo monto bruto a declarar supere los once mil balboas (B/.11,000.00) de las personas naturales y

jurídicas, incluyendo sus anexos correspondientes. El ministerio respectivo solo aceptara las declaraciones juradas de renta y de otros tributos, incluyendo sus anexos correspondientes, que estén refrendadas por un contador público autorizado.

10. Diligencia de apertura de los libros de contabilidad y el aval de los registros electrónicos u otros medios autorizados por la ley.

11. La enseñanza de cualquier área de la contabilidad en instituciones educativas del sector público y privado de cualquier nivel de enseñanza.

12. Los actos en los que se requiere de la certificación o refrendo de informes, exposiciones y constancias de índole contable y financiera por parte de un contador público autorizado conforme a leyes especiales.

13. La auditoría forense independiente en la prevención y combate de fraude, corrupción y lavado de dinero en el sector gubernamental y privado.

14. Cualquier acto que la Junta Técnica de Contabilidad considere como actos propios de la profesión

Artículo 3. Para los efectos de esta Ley, se entiende por actividades relacionadas con la contabilidad en general todos aquellos servicios que implican organización, revisión y control de la contabilidad, certificación, refrendo y dictamen sobre estados financieros, y toda certificación que se expida con fundamento en los registros de contabilidad, evaluación y diagnóstico del control interno, prestación de servicios de auditoria en empresas e instituciones públicas y privadas, gubernamentales, mixtas y las que operen sin fines de lucro, asesoría tributaria, asesoría gerencial en aspectos de contabilidad, estudios y proyecciones financieras, estudios similares, servicios de curador en liquidaciones y quiebras de empresas; y además, todas aquellas actividades conexas a la contabilidad en general determinadas por la Junta Técnica de Contabilidad.

La responsabilidad del contador público autorizado en los servicios de auditoría externa solo se limita a la opinión que este expresa sobre los estados financieros básicos u otra información financiera que sean sometidos a su examen, como también otros trabajos de aseguramiento de conformidad con las normas de auditoria establecidas de acuerdo con la jurisdicción.

La responsabilidad sobre la información financiera, su

registro y su presentación ante usuarios recae sobre la administración de la empresa.

Artículo 4. El ejercicio de la profesión de contador público autorizado se regirá por las disposiciones de esta Ley y sus reglamentos.

Para ser designado para el cargo de contralor en el sector privado, así como contador jefe, subjefe y de auditor jefe y subjefe, en instituciones públicas y privadas, se requiere tener título universitario de Licenciado en Contabilidad e idoneidad de contador público autorizado expedida por la Junta Técnica de Contabilidad.

La participación como peritos contables, el refrendo de declaraciones de rentas y certificaciones y otros servicios encaminados a brindar información financiera a terceros deberán ser firmados por un contador público autorizado independiente que no guarde relación ni nexo con la empresa o persona objeto del dictamen o certificación.

El socio a cargo de los compromisos de auditoría deberá poseer idoneidad de contador público autorizado expedida por la Junta Técnica de Contabilidad.

Parágrafo transitorio. Quienes estén ejerciendo dichas posiciones sin poseer la idoneidad de contador público autorizado tendrán un período de tres años para obtener la idoneidad de contador público autorizado

Artículo 5. El ejercicio de la contabilidad es una actividad de profesión liberal y de naturaleza civil.

Capítulo II

Licencia de Idoneidad

Artículo 6. La profesión de contador público autorizado solo podrá ser ejercida por la persona natural que haya obtenido previamente su idoneidad.

Artículo 7. Para acreditar la idoneidad de contador público autorizado se requiere la resolución expedida por la Junta Técnica de Contabilidad, con sujeción a las disposiciones de la presente Ley.

Artículo 8. Son requisitos para obtener la idoneidad de contador público autorizado los siguientes:

1. Ser ciudadano panameño;
2. Haber obtenido título universitario con especialización en Contabilidad expedido por la Universidad de Panamá o por otras instituciones universitarias oficiales o particulares autorizadas por el Estado, o por las instituciones universitarias extranjeras, revalidado por la Universidad de Panamá.
3. Presentar declaración jurada afirmando no haber sido condenado por delitos dolosos definidos por las leyes de la República de Panamá, durante los siete años anteriores a la presentación de la solicitud de la idoneidad.

Artículo 9. La idoneidad que acredita como contador público autorizado debe ser solicitada por el interesado ante la Junta Técnica de Contabilidad, la cual expedirá la resolución de idoneidad correspondiente en un término no mayor de treinta días hábiles improrrogables, contados a partir de la fecha en que la solicitud haya sido presentada en debida forma. La resolución de idoneidad debe ser firmada por el presidente, secretario ejecutivo y otro miembro de la Junta Técnica de Contabilidad. Dicha resolución deberá contener adheridos los timbres fiscales establecidos en el reglamento, a cargo del interesado.

La entrega de la idoneidad se hará bajo juramento en un acto protocolar de la a la Junta Técnica de Contabilidad.

En el caso de que se niegue una solicitud de idoneidad, la resolución debe notificarse personalmente o por medios electrónicos al solicitante y admitirá recurso de reconsideración ante la Junta Técnica de Contabilidad.

TITULO III

Del Ejercicio de la Profesión

Artículo 10. Solo el contador público autorizado podrá ejecutar los actos de la profesión destinados a dar fe pública y certeza razonable a la que se refiere el Artículo 2.

Artículo 11. Solamente podrán constituirse en sociedades para la prestación de los servicios calificados como propios de la profesión, según lo establecido en los artículos 6 y 10, las personas naturales titulares de la idoneidad de contador público autorizado.

Artículo 12. Las personas jurídicas así constituidas, además de cumplir con los requisitos legales exigibles para operar, pagarán a la Junta Técnica de Contabilidad por su registro la suma que esta determine mediante resolución y estarán sujetas a las siguientes condiciones específicas:

1. Estas personas jurídicas únicamente tendrán como socios, accionistas, directores, dignatarios o representantes legales a contadores públicos autorizado panameños. En el caso de sociedades por acciones, estas acciones serán nominativas.

2. Las personas jurídicas nacionales de que trata el presente capitulo podrán afiliarse o asociarse con firmas, asociaciones, sociedades y personas jurídicas o naturales extranjeras dedicadas a ejecutar actos propios de la profesión de contador público autorizado en su país de origen o a coordinar internacionalmente la práctica profesional de la contabilidad pública, pero esta relación deberá darse a través de una activa y efectiva asociación y afiliación con las personas jurídicas o naturales extranjeras, siempre que los contador público autorizado panameños ejerzan todas las funciones indicadas en el artículo 2.

3. Las personas jurídicas que estén asociadas con personas jurídicas o naturales extranjeras, de acuerdo con el literal anterior podrán adicionar y utilizar en sus membretes y rótulos la razón social de esas firmas, asociaciones, sociedades o personas jurídicas. Los membretes y rótulos de la razón social de la persona jurídica nacional tendrán en todos los casos, mayor o igual prominencia que la razón social de la entidad extranjera.

4. Las personas jurídicas deberán comunicar a la Junta Técnica de Contabilidad, en forma anual, los socios de los trabajos de auditoría, quieres en todo momento deben ser 100% contadores públicos autorizados en la República de Panamá.

Artículo 13. Los documentos que contengan certificaciones, dictámenes, refrendo y atestaciones que tengan su origen en los actos de la profesión definidos por la presente Ley, cuyo objetivo y propósito sean los de dar fe pública o certeza razonable y que emanen de las personas Jurídicas a que se refiere este capítulo deberán llevar, además del membrete, la rúbrica o sello de la persona jurídica, la firma autentica del representante legal o de uno de los socios con derecho al uso de la firma social de la respectiva persona jurídica, con la indicación de su nombre y número de idoneidad de contador público autorizado, así como la declaración de que el trabajo se realizó físicamente en territorio panameño.

En compromisos de auditoría o revisión de estados financieros en los que el cliente tenga ingresos brutos superiores a un millón de balboas (B/.1,000,000.00), se listará, junto con el dictamen, el socio y el equipo de trabajo de dicho compromiso.

TITULO IV

Código De Ética

Artículo 14. La Junta Técnica de Contabilidad velara porque se cumplan todos los preceptos del Código de Ética Profesional. Las disposiciones de dicho Código son de observancia obligatoria para todos los contadores públicos autorizados con idoneidad acreditada en los términos de la presente Ley para todos los actos de su profesión.

Artículo 15 (transitorio): El Código de Ética aprobado por el Decreto 26 del 17 de mayo de 1984 deberá ser sometido a revisión por la Junta Técnica de Contabilidad para realizarle las modificaciones necesarias y pertinentes. Para tales efectos, la Junta Técnica de Contabilidad dispondrá de treinta días, a partir de la entrada en vigencia de esta Ley, para iniciar dicha revisión, y estará obligada a presentar el proyecto de reformas al Código de Ética Profesional del Contador Público Autorizado, en un término no mayor de seis meses, desde la entrada en vigor de la presente Ley. Dicho proyecto de reformas será sometido a un debate público para que los interesados presenten sus aportes.

La Junta Técnica de Contabilidad deberá convocar a consulta pública a los contadores públicos autorizados de la República de Panamá y demás interesados, como parte de la divulgación previa a la aprobación final del proyecto de reformas, y estará obligada a recoger los aportes que surjan e incorporarlos al texto único del proyecto de reformas, que deberá ser debatido públicamente por espacio de dos meses.

Vencido ese término, se convocará a un referéndum nacional en el cual estará habilitado para votar todo contador público autorizado con idoneidad, con el objeto de aprobar o improbar este texto. El procedimiento para el referéndum será preparado y organizado por la Junta Técnica de Contabilidad

Artículo 16 (transitorio): Hasta que la Junta Técnica de Contabilidad logre la elaboración y aprobación, en dos debates públicos, de un nuevo Código de Ética, se deberá cumplir con el Código de Ética Profesional, aprobado mediante el Decreto 26 de 17 de mayo de 1984. También se podrá utilizar el Código de Ética, que incluye las normas de conducta de la Federación Internacional de Contadores. La Junta Técnica de Contabilidad revisará y actualizará el Código de Ética Profesional, por lo menos, una vez cada cinco años.

En todas las revisiones y proyectos de reformas que la Junta Técnica de Contabilidad realice del Código de Ética Profesional, que incluye las normas de conducta, deberá contemplar la última versión aprobada por la Federación Internacional de Contadores y solicitar la colaboración de las asociaciones de profesionales de contabilidad y las universidades que tengan la Licenciatura de Contabilidad en su pensum académico.

Artículo 17. El incumplimiento de las disposiciones contenidas en el Código de Ética Profesional y las respectivas sanciones que establece serán recurridas en grado de reconsideración ante la Comisión Especial nombrada para estos fines y apelable ante la Junta Técnica de Contabilidad.

Capítulo V

Junta Técnica De Contabilidad

Artículo 18. Se crea la Junta Técnica de Contabilidad como la entidad superior y rectora de la profesión de contador público autorizado, cuyas acciones garantizarán que los actos propios de la profesión sean cónsonos con lo que dispone la presente Ley y las reglamentaciones correspondientes.

La Junta Técnica de Contabilidad estará integrada por:

1. Un contador público autorizado idóneo designado por el Ministerio de Comercio e Industria, quien fungirá como secretario.

2. Dos profesores de Contabilidad, designados por la Universidad de Panamá, uno principal y el otro suplente, ambos deben ser contadores públicos autorizados idóneos.

3. Dos profesores de Contabilidad de una universidad particular que dicte la carrera de Licenciatura en Contabilidad, uno principal y el otro suplente, designados por la universidad que escoja el Consejo de Rectores de Panamá. Ambos deben ser contadores públicos autorizados idóneos.

4. Un contador público autorizado designado por cada una de las asociaciones representativas de los profesionales de la contabilidad, debidamente registradas en la Junta Técnica de Contabilidad.

[1]**Parágrafo.** *Queda establecido que en el momento en que existan más de diez organizaciones representativas de los profesionales de la contabilidad, debidamente registrados ante la Junta Técnica de Contabilidad, tendrán derecho propio de postular sus representantes ante la Junta Técnica de Contabilidad las diez primeras asociaciones que tengan en ese momento el mayor número de miembros asociados idóneos y activos.*

Artículo 19. Para efectos del numeral 4 del artículo anterior, se entenderá como asociaciones más

---

[1] Declarado INCONSTITUCIONAL por el Pleno de la Corte Suprema de Justicia, mediante fallo del 27 de julio de 2023, publicado en Gaceta Oficial No. 29871-A

representativas aquellas que tengan, como mínimo, ciento cincuenta miembros asociados activos; entendiéndose como activos aquellos que hayan participado en eventos presenciales o virtuales en los últimos veinticuatro meses, con licencia de contador público autorizado.

Artículo 20. Los contadores públicos autorizados designados por las asociaciones y las universidades con derecho de designar miembros para integrar la Junta Técnica de Contabilidad serán nombrados por el Órgano Ejecutivo en un periodo de treinta días calendario, a partir de la fecha del documento en el que les designan.

Artículo 21. La presidencia de la Junta Técnica de Contabilidad será ejercida por un periodo anual, en forma rotativa, por cada uno de los miembros. Esta rotación institucional se mantendrá ordenadamente y de manera continua, más allá del vencimiento del periodo de tres años de vigencia de los nombramientos de los miembros de la Junta Técnica de Contabilidad.

El orden para asumir la presidencia de la Junta Técnica

de Contabilidad será con base en el orden de las fechas de fundación de cada una de las asociaciones y universidades integrantes de la Junta Técnica de Contabilidad.

Artículo 22. Son atribuciones de la Junta Técnica de Contabilidad las siguientes:

1. Velar por el fiel cumplimiento de la presente Ley;
2. Expedir y registrar la idoneidad profesional de contador público autorizado que trata esta ley, las resoluciones de inscripción de las personas jurídicas que efectúan trabajos de contabilidad y de las asociaciones profesionales de contadores públicos autorizados.
3. Mantener actualizado el registro de contador público autorizado y de personas jurídicas constituidas por contadores públicos autorizados en el ejercicio de la profesión, así como de las asociaciones de profesionales de contadores públicos autorizados.
4. Vigilar el ejercicio de la profesión de contador público autorizado, con objeto de que este se realice dentro del más alto plano técnico, ético y

de calidad, con la colaboración y coordinación de las asociaciones profesionales de contadores públicos autorizados y cualquier otro ente de la profesión aprobado por la Junta Técnica de Contabilidad, así como la coordinación con otras entidades reguladoras en materia relacionada con el ejercicio de la profesión de contador público autorizado.

5. Expedir el programa de control de calidad del ejercicio profesional y reglamentar su aplicación.

6. Expedir las normas necesarias para el mejoramiento del ejercicio de la profesión de contador público autorizado, incluyendo la adopción del Código de Ética Profesional, que incluye las normas de conducta y normas de educación emitidas por la Federación Internacional de Contadores, sus modificaciones y actualizaciones, así como los programas de educación continua basados en estas normas.

7. Emitir mediante resoluciones, normas de contabilidad y auditoría para el sector privado y público, cuando las normas internacionales y las locales existentes no provean la normativa aplicable para Panamá. En este proceso la Junta Técnica de Contabilidad considerará las opiniones

de todos los sectores económicos y financieros de la República de Panamá, así como las normas aplicables a sectores regulados.

²**Parágrafo 1.** Se adoptan como propias y de aplicación en la República de Panamá:

1. Las Normas Internacionales de Información Financiera y la Norma Internacional de Información Financiera para Empresas Pequeñas o Medianas (Pymes) emitidas y que emita el Consejo de Normas Internacionales de Contabilidad, organismo independiente establecido para promulgar normas contables de aplicación mundial.

2. Las Normas y Guías Internacionales de Auditoría emitidas y que emita el Comité de Prácticas

---

[2] Jurisprudencia: "De allí que, se adiciona a las funciones de la Junta Técnica de Contabilidad el deber de identificar, adoptar, modificar y promulgar, mediante resoluciones, las normas procedimientos de contabilidad y auditoría que deben aplicar y seguir las empresas, comerciantes y profesionales contables, así como velar por su fiel cumplimiento, es decir, el artículo demandado, en su literal i) no establece que la Junta Técnica de Contabilidad dentro de sus funciones pueda expedir o modificar leyes, como señaló la Activadora Constitucional, sino que la función atribuida a la Junta Técnica es la de verificar y adecuar las normas que ya han sido adoptadas por la Asamblea Nacional en los parágrafos 1, 2 y 3 a la realidad del país y evaluarlas profundamente para dictar Resoluciones adaptadas a nuestras necesidades". Fallo de 3 de septiembre de 2020, página 12, publicado en Gaceta Oficial No. 29152. En este fallo se resuelve acción de inconstitucionalidad contra el literal i) artículo 14 de la derogada Ley 57 de 1978 que adopta las NIIF y NIA en Panamá.

Internacionales de Auditoría de la Federación Internacional de Contadores para las auditorías de estados financieros.

3. Las Normas y Guías Internacionales de Auditoría emitidas y que emita el Comité de Prácticas Internacionales de Auditoría de la Organización Internacional de las Entidades Fiscalizadoras Superiores para las auditorías gubernamentales.

4. Las Normas y Guías Internacionales de Auditoría emitidas y que emita el Comité de Prácticas Internacionales de Auditoría del Instituto de Auditores Internos, Inc. para las auditorías internas.

Parágrafo 2. Se faculta a la Comisión de Normas de Contabilidad Financiera para que recomiende a la Junta Técnica de Contabilidad las acciones reglamentarias que se requieran, aplicables a las normas Internacionales de Contabilidad, a las Normas o Guías Internacionales de Auditoria emitidas por los organismos internacionales;[3]

---

[3] La Resolución No. 01, del 13 de febrero de 2020, contiene el reglamento de la Comisión de Normas Técnicas de Contabilidad Financiera de Panamá y Auditoría (NOCOFIN), publicada en Gaceta Oficial No. 29084. (anexa)

8. Promover lo relacionado con la investigación contable.

9. Coordinar con las asociaciones y universidades la divulgación de las normas de contabilidad y de auditoría del sector privado y público por intermedio de la Comisión de Normas de Contabilidad Financiera.

10. Vigilar el cumplimiento de las normas de contabilidad del sector privado adoptadas por la presente Ley y tomar las acciones pertinentes de conformidad con las prohibiciones y sanciones establecidas en esta ley.

11. Crear las comisiones de trabajo que estime necesaria para poder cumplir con las responsabilidades establecidas en la presente Ley en el ejercicio de la profesión de contador público autorizado, nombrar miembros y definir su marco de acción, atribuciones y mecanismos de rendición de cuentas.

12. Suscribir acuerdos de colaboración con entidades nacionales e internacionales relacionados con el ejercicio de la profesión de contador público autorizado.

13. Investigar de oficio o a solicitud de parte interesada, lo relacionado con la conducta de los

contadores públicos autorizados y de las firmas profesionales de contabilidad y cualquier otra persona que infrinja las disposiciones de esta Ley, del Código de Ética Profesional, de las disposiciones del Código de Comercio y otras leyes relacionadas con la profesión, así como expedir resoluciones sobre las sanciones correspondientes que estarán a disposición de los afectados y su representación legal.[4]

14. Definir y actualizar cada cinco años el perfil del contador público autorizado y recomendar los requisitos mínimos para su formación académica, con la colaboración de las universidades que dicten la carrera de Licenciatura en Contabilidad, así como también las recomendaciones para el mejoramiento técnico y ético de los contadores públicos que actúen como docentes.

15. Establecer las tarifas para los servicios y/o tramites que realice esta Junta.

16. Utilizar los fondos de autogestión en todo lo que requiera para su funcionamiento.

---

[4] La Resolución No. 011, de 22 de septiembre de 2011, publicada en Gaceta Oficial No. 26960-C, desarrolla el procedimiento para el trámite e investigación de las denuncias que se presenten ante la Junta Técnica de Contabilidad (anexa).

17. Suspender temporal o indefinidamente, o cancelar la licencia de idoneidad profesional a las personas naturales y el registro a las personas jurídicas por:

a. Obtener mediante engaño, falsedad o soborno su licencia de idoneidad profesional.

b. Negligencia, incompetencia o deshonestidad comprobadas en el ejercicio de la profesión.

c. Que el contador público autorizado facilite el uso de su idoneidad a terceras personas.

d. Infringir las disposiciones de esta Ley, del Código de Ética Profesional y las disposiciones del Código de Comercio, del Código Fiscal y otras leyes relacionadas con el ejercicio de la profesión de contador público autorizado.

e. Haber incumplido lo dispuesto en el artículo 2.

18. Expedir el reglamento interno de la Junta y las modificaciones a este, mediante resolución que deberá ser publicada en la Gaceta Oficial.

19. Conceder los permisos especiales temporales a los profesionales extranjeros en los casos a que se refiere esta ley.

20. Establecer una tabla de referencia de honorarios mínimos por servicios profesionales.

21. Ejecutar mediante resoluciones todo lo que sea necesario para la regulación de la profesión de la

contabilidad, incluyendo su inscripción y participación en los organismos internacionales, de acuerdo con sus disposiciones.

22. Fortalecer, con la participación de las asociaciones de contador público autorizado, todas las acciones necesarias para la unión de todos los profesionales de la contabilidad.
23. Coordinar y colaborar con las entidades gubernamentales en los aspectos relacionados con la profesión de la contabilidad.
24. Ejercer las demás atribuciones que señalen las leyes, decretos y resoluciones vigentes.

Todos los desembolsos deben estar amparados en el presupuesto anual aprobado por la Junta Técnica de Contabilidad. Anualmente, con fecha de 31 de diciembre, los fondos deben ser objeto de una auditoría externa.

Artículo 23. Los miembros de la Junta Técnica de Contabilidad estarán impedidos para conocer de los asuntos que los afecten individualmente o de los que se refieren a la firma o a la empresa o entidad a la cual pertenecen, trabajan o hayan pertenecido o trabajado, o que se relacionen con su conyugue o sus parientes hasta el cuarto grado de consanguinidad o segundo de afinidad y aquellas causales que se establecen en el artículo 118 de la Ley 38 de 2000.

Artículo 24. Las sesiones ordinarias serán como mínimo una vez al mes. Las reuniones serán presididas por su presidente o en su defecto por el vicepresidente o tesorero y se celebrarán con la mitad más uno de los miembros principales o suplentes con derecho a voto. Las decisiones que se adopten se tomarán con el voto afirmativo de, por lo menos, la mitad más uno de los miembros con derecho a voto en la reunión.

Se podrán efectuar reuniones extraordinarias por propuesta de su presidente o por petición, por lo menos, tres de sus miembros.

Los miembros suplentes podrán asistir a las reuniones aun cuando su principal esté presente, pero sólo tendrán derecho a voz. Para que un miembro suplente tenga derecho a voto deberá actuar en reemplazo de su principal.

La falta de asistencia y representación en tres reuniones consecutivas o seis durante el año de una asociación y/o universidad, miembro de la Junta Técnica de

Contabilidad, dará lugar a la remoción de su representante de la respectiva asociación y/o universidad.

Artículo 25. La Junta Técnica de Contabilidad contara con su propia estructura administrativa para ejercer las funciones que mediante esta Ley se determinan y funcionara con el presupuesto anual preparado y aprobado por la Junta Técnica de Contabilidad. Estará adscrita al Ministerio de Comercio e Industrias, que asignará una partida presupuestaria acorde con el presupuesto aprobado por la Junta Técnica de Contabilidad para sufragar los gastos inherentes a su funcionamiento.

Capítulo VI

Asociaciones de Profesionales

Artículo 26. Las asociaciones de contadores públicos autorizados que hayan obtenido sus personerías jurídicas tienen la obligación de registrarse ante la Junta Técnica de Contabilidad. Para obtener el registro y renovación cada dos años, ante la Junta Técnica de Contabilidad, las asociaciones profesionales de contadores públicos autorizados deberán cumplir con los siguientes requisitos:

1. Presentar copia autenticada de la escritura pública que contiene la personería jurídica de la asociación.

2. Presentar una lista con los nombres, firmas, numero de cedula y numero de la idoneidad de los socios que componen su junta directiva.

3. Presentar lista completa o directorio de sus socios con indicación de su nombre, firma, dirección actual, numero de cedula, numero de idoneidad y fecha de afiliación.

4. Pagar el monto que la Junta Técnica de Contabilidad determine para su registro y renovación, el cual deberá depositarse en la cuenta de autogestión de la junta Técnica de Contabilidad.

5. Presentar el programa de educación continua.

Capítulo VII

Prohibiciones y Sanciones

Artículo 27. Se prohíbe el ejercicio de los actos de la profesión reservados a los contadores públicos autorizados, a las personas naturales y jurídicas que no hayan obtenido la licencia de idoneidad profesional, o la resolución de registro correspondiente de que trata la presente Ley. La infracción de esta disposición será sancionada con multa mínima de cinco mil balboas (B/.5,000.00) a favor de la Junta Técnica de Contabilidad, tomando en consideración la gravedad de la Infracción, sin menoscabo de las sanciones penales que corresponda.

Artículo 28. Queda prohibido utilizar el titulo o atribuirse el carácter de Contador Público Autorizado u operar como firma de contabilidad o de auditoría, como persona natural sin haber obtenido la idoneidad o el registro para la persona jurídica ante la Junta Técnica de Contabilidad. Los que contravengan esta disposición serán sancionados con multa mínima de mil balboas

(B/.1,000.00) a favor de la Junta Técnica de Contabilidad, por la primera vez y de diez mil balboas (B/.10,000.00) las sucesivas, sin menoscabo de las sanciones penales que correspondan.

Artículo 29. El contador público autorizado que contravenga la presente Ley, las normas del Código de Ética Profesional, o las disposiciones del Código de Comercio y otras leyes relacionadas con la profesión, se hará acreedor a las sanciones correspondientes, las cuáles serán impuestas por la Junta Técnica de Contabilidad, de la manera siguiente:

1. Amonestación verbal
2. Amonestación escrita, que consiste en una reprensión escrita que se hace a la persona, dejando constancia en su expediente.
3. Suspensión temporal de la Licencia.
4. Cancelación de la Licencia.

Estas sanciones serán impuestas independientemente de las multas a que haya lugar y sin perjuicio de las sanciones correspondientes de conformidad con la Ley Penal.

Será causal de recusación o impedimento el supuesto de

que el miembro de la Comisión haya participado en la redacción de la norma que se aplica al investigado.[5]

Artículo 30. La persona jurídica integrada por contadores públicos autorizados que contravenga la presente Ley, las normas del Código de Ética Profesional, o las disposiciones del Código de Comercio y de otras leyes relacionadas con la profesión será sancionada por la Junta Técnica de Contabilidad por orden de gravedad, de la siguiente, manera:

1. Amonestación pública, que consiste en una represión escrita que se hace a la persona jurídica, dejando constancia en su expediente;
2. Suspensión temporal de la resolución de inscripción;
3. Cancelación de la resolución de inscripción.

Las sanciones que indica este artículo también serán aplicadas al representante legal de la firma sancionada y aplicará lo establecido en el artículo anterior.

Estas sanciones serán impuestas independientemente de

---

[5] La Resolución No. 011, de 22 de septiembre de 2011, publicada en Gaceta Oficial No. 26960-C, desarrolla el procedimiento para el trámite e investigación de las denuncias que se presenten ante la Junta Técnica de Contabilidad. (anexa)

las multas a que haya lugar y sin perjuicio de las sanciones correspondientes de conformidad con la Ley Penal.

Artículo 31. Las resoluciones que contengan sanciones a que se refiere el presente capítulo, serán expedidas por una Comisión de Ética y Disciplina integrada por tres miembros de la Junta Técnica de Contabilidad nombrada para tal efecto. Estas resoluciones admitirán recursos de reconsideración ante la misma Comisión, el cual deberá interponerse dentro del término de cinco días hábiles a partir de la notificación de la resolución, y recurso de apelación ante el pleno de la Junta Técnica de Contabilidad, el cual deberá interponerse dentro del término de cinco días hábiles a partir de la notificación de la resolución de primera instancia.

La primera resolución será comunicada personalmente; de desconocerse el paradero, la persona será notificada por edicto por un periodo de cinco días hábiles en un diario de circulación nacional.

Artículo 32. La notificación de las resoluciones se hará mediante edictos fijados en las oficinas de la Junta

Técnica de Contabilidad, en lugar visible, por el término de cinco días hábiles, a cuyo vencimiento se entenderá verificada la notificación.

Artículo 33. La persona natural o jurídica a quien se le cancele la licencia de contador público autorizado o resolución de inscripción, respectivamente, expedidas de acuerdo con la presente ley, podrán solicitar su habilitación y la expedición de una nueva licencia o registro, siempre que compruebe que ha cumplido la sanción impuesta.

Artículo 34. Las personas naturales o jurídicas que hayan sido sancionadas con la cancelación de su idoneidad o registro en la Junta Técnica de Contabilidad podrán solicitar su habilitación y la expedición de una idoneidad o registro, siempre que haya transcurrido el termino de diez años entre la fecha en que la resolución de cancelación fue formalmente ejecutoriada y la fecha de solicitud de la nueva idoneidad o registro.

Capítulo VIII

Disposiciones Finales

Artículo 35. La denuncia contra el contador público autorizado prescribirá en un término de cinco años, contados a partir de la fecha en que ocurrió el hecho.

Artículo 36. Las idoneidades de contadores públicos autorizados y los registros de personas jurídicas expedidos con anterioridad a la presente Ley permanecerán vigentes.

Parágrafo transitorio: Los titulares de las idoneidades de contador público autorizado expedidas al amparo de leyes anteriores, podrán solicitar ante la Junta Técnica de Contabilidad, la habilitación de su idoneidad. Para tal efecto, bastara con la presentación de su certificado de idoneidad con la certificación de fiel copia de su original expedida por un notarlo público, antes del 31 de diciembre de 2020.

La Junta Técnica de Contabilidad hará las comunicaciones pertinentes a la Dirección General de Comercio Interior del Ministerio de Comercio e Industrias, sobre las habilitaciones que haga.

Artículo 37 (transitorio). La Junta Técnica de Contabilidad que esté instalada al momento de la entrada en vigencia de la presente Ley se mantendrá en su cargo y viabilizará en un término no mayor de seis meses la conformación de la nueva Junta Técnica de Contabilidad con las designaciones que hagan los organismos que la integran con base en los establecido en esta Ley.

Artículo 38. La presente Ley deroga la Ley 57 de 1 de septiembre de 1978, y el Decreto 68 de 29 de octubre de 1986.

Artículo 39. Esta Ley comenzará a regir a partir de su promulgación.

COMUNÍQUESE Y CÚMPLASE

Proyecto 459 de 2020 aprobado en tercer debate en el Palacio Justo Arosemena, ciudad de Panamá, a los veintinueve días del mes de octubre del año dos mil veintiuno.

El Presidente

Crispiano Adames Navarro

El Secretario General,

Quibian T. Panay G.

ÓRGANO EJECUTIVO NACIONAL, PRESIDENCIA DE LA REPÚBLICA PANAMÁ, REPÚBLICA DE PANAMÁ, 30 DE DICIEMBRE DE 2021

LAURENTINO CORTIZO COHEN

Presidente de la República

HÉCTOR E. ALEXANDER H.

Ministro de Economía y Finanzas

CÓDIGO DE ÉTICA PROFESIONAL
PARA LOS CONTADORES PÚBLICOS AUTORIZADOS

MINISTERIO DE COMERCIO E INDUSTRIAS
JUNTA TÉCNICA DE CONTABILIDAD

DECRETO N° 26

Del 17 de mayo de 1984

[6]Por el cual se aprueba el Código de Ética Profesional para los Contadores Públicos Autorizados.

El Presidente de la República en uso de sus facultades legales.

CONSIDERANDO:

Que la Ley 57 de 1° de septiembre de 1978, facultó a la Junta Técnica de Contabilidad, para la elaboración del Código de Ética Profesional para los Contadores Públicos Autorizados.

Que para la elaboración del Código de Ética, se tomaron en consideración las recomendaciones recibidas de las Asociaciones Profesionales de Contabilidad, Universidades del país, así como también las señaladas

---

[6] Este Código de Ética Profesional para Contadores Públicos Autorizados fue elaborado en base a la Ley 57 de 1 de septiembre de 1978, la cual fue derogada mediante Ley 280 de 30 de diciembre de 2021. El Artículo 16 (transitorio) de dicha Ley señala que "Hasta que la Junta Técnica de Contabilidad logre la elaboración y aprobación, en dos debates públicos, de un nuevo Código de Ética, se deberá cumplir con el Código de Ética Profesional, aprobado mediante Decreto 26 de 17 de mayo de 1984. También se podrá utilizar el Código de Ética, que incluye las normas de conducta de la Federación Internacional de Contadores".

Código de Ética Profesional para Contadores Públicos Autorizados

por Contadores Públicos Independientes y otros organismos profesionales vigentes en la República.

Que luego de varios años de labor, la Junta Técnica de Contabilidad ha presentado a consideración del Órgano Ejecutivo, el presente Código de Ética Profesional para los Contadores Públicos Autorizados.

DECRETA:

[7]**Artículo Primero:** Aprobar el Código de Ética Profesional para los Contadores Públicos Autorizados que es del tenor siguiente:

TITULO PRIMERO

CONCEPTO DE ÉTICA PROFESIONAL

CAPITULO PRIMERO

---

[7] Jurisprudencia: Las anotaciones previamente hechas, le permiten a este Tribunal arribar a la conclusión que el Código de Ética Profesional de los Contadores Públicos Autorizados, aprobado a través del Decreto 26 de 17 de mayo de 1984, constituye un reglamento autónomo, más no así un reglamento de ejecución de la Ley, expedido en virtud de la potestad reglamentaria que ostenta el Presidente de la República con la participación del ministro respectivo, prevista en el numeral 14 del artículo 184 de la Constitución Política, debido a que el mismo no fue emitido con el objeto de hacer posible la aplicación y el cumplimiento de la Ley 57 de 1 de septiembre de 1978, por la cual se reglamenta la profesión de Contador Público Autorizado". Fallo de 19 de diciembre de 2019, publicado en Gaceta Oficial No. 29369, página 12

INDEPENDENCIA CON RESPECTO A LOS CLIENTES, INTEGRIDAD Y OBJETIVIDAD

Artículo 1. El Contador Público Autorizado deberá conservar su integridad y su objetividad en todos los actos de su profesión. Cuando se comprometa a la práctica profesional independiente, no deberá tener dependencia laboral ni de ninguna índole de aquellas personas a quienes sirve.

Artículo 2. El público y los usuarios directos de los servicios del Contador Público Autorizado esperan encontrar integridad y objetividad entre sus cualidades más sobresalientes.

Artículo 3. La independencia siempre ha sido una norma fundamental en la profesión de la contabilidad, además es piedra angular de su estructura. Por esta razón, cualquiera que sea el grado de su competencia, su opinión sobre los estados financieros tendrá muy poco valor para los usuarios, a menos que él mantenga su independencia de criterio.

La independencia ha sido tradicionalmente definida por la profesión como la capacidad de actuar con integridad y objetividad.

Artículo 4. La integridad es un factor de carácter y es fundamental para la confianza en un Contador Público Autorizado. La integridad conlleva la cualidad del Contador Público Autorizado de ser rectilíneo, honesto y sincero al realizar su trabajo profesional.

La objetividad es la capacidad del Contador Público Autorizado para mantener una actitud imparcial en todos los asuntos que requieran su opinión como ejercicio profesional.

Se reconoce que las cualidades integridad y objetividad no pueden ser medidas con precisión; no obstante, la profesión, las exige a sus miembros como algo imperativo.

Artículo 5. El Contador Público Autorizado al practicar su profesión y participar en otras actividades, puede estar expuesto a situaciones que involucraron la posibilidad de presiones a su integridad y/o objetividad. Por lo tanto, el Contador Público Autorizado deberá mantener una actitud responsable para conocer y controlar estas situaciones adecuadamente.

Artículo 6. El concepto de independencia deberá ser interpretado de tal manera que salvaguarde la integridad y la imparcialidad del juicio propio de un Contador Público Autorizado y no deberá interpretarse de modo tan estricto que inhiba la capacidad de servicios útiles en el ejercicio de su profesión.

Artículo 7. Aunque pudiera ser difícil para una Contador Público Autorizado aparecer siempre independiente en las relaciones normales con los usuarios de servicios profesionales, las presiones sobre su integridad y objetividad son contrarrestadas por fuerzas que las restringen. Estas incluyen la responsabilidad legal; las sanciones profesionales que van desde la revocatoria del derecho de practicar como Contador Público Autorizado, la pérdida de su buena reputación, hasta la resistencia innata de un profesional disciplinado a lastimar o debilitar su integridad y su objetividad básica. Por lo tanto, al establecer los tipos de relaciones que deben ser específicamente prohibidas, tanto la presión contra la independencia que entraña una relación, como las fuerzas que la contrarrestan deberán ser sopesadas.

Artículo 8. Al establecer las reglas con relación a la independencia, la profesión tomará en cuenta a los usuarios y su posición ante una relación específica entre el Contador Público Autorizado y un cliente, que pueda representar menoscabo a la integridad u objetividad del Contador Público Autorizado.

Artículo 9. Cuando un Contador Público Autorizado expresa una opinión sobre los estados financieros, no solamente el hecho de ser independiente, sino también la apariencia de serlo es particular importancia. Por esta razón, la profesión ha adoptado reglas para prohibir la expresión de tal opinión cuando existen relaciones que puedan representar menoscabo a la integridad y a la objetividad del Contador Público Autorizado. Estas reglas se clasifican en dos grupos generales:

    a. Las relaciones financieras con los clientes y,

    b. Las relaciones administrativas con los clientes.

Artículo 10. En los casos de servicios de Asesoría Administrativa y de Impuestos, la apariencia de independencia también es requerida, no importa el tipo de servicio que se esté brindando. El Contador Público Autorizado en todos los tipos de compromisos, deberá rechazar el hecho de subordinar su juicio profesional al de otras personas, y deberá también expresar sus conclusiones honestas y objetivamente.

Artículo 11. Las relaciones financieras vedadas en los casos en que se expresa una opinión sobre los estados financieros, no hacen referencia a los honorarios pagados a un Contador Público Autorizado por su cliente. La remuneración por servicios es necesaria para que se continúe brindando dichos servicios. Desde luego, una razón principal para el desarrollo de las profesiones liberales es la relación cliente-profesional y de la remuneración por honorarios (en contraste con la relación empleador y la remuneración por salarios) es que estos arreglos deben ser vistos como una salvaguarda de la independencia.

Artículo 12. La referencia anterior a una relación empleado-empleador, responde a una inquietud que con frecuencia surge sobre la objetividad de un Contador Público Autorizado al expresar una opinión sobre los estados financieros; se vería perjudicado el Contador Público Autorizado al verse involucrado con la Empresa en el proceso de toma de decisiones.

Artículo 13. El Contador Público Autorizado puede ser contratado para brindar consejos técnicos a sus clientes. Las decisiones basadas en dichos consejos, pueden tener un efecto significativo en la condición financiera del cliente en los resultados de sus operaciones. Esta situación se experimenta en los compromisos de servicios de asesoría administrativa y de impuestos.

Artículo 14. Si el Contador Público Autorizado discrepa con su cliente sobre un asunto de importancia durante el curso de una auditoría, el cliente tendría tres opciones:

a. Modificar los estados financieros para acogerse a lo indicado por el Contador Público Autorizado, que es lo que generalmente ocurre.

b. Aceptar el informe con un dictamen con salvedades en su opinión o

c. Puede prescindir de los servicios del Contador Público Autorizado.

La decisión que se adopte y los estados financieros que resulten, son del cliente, sin embargo, el Contador Público Autorizado puede ser un factor significativo en el escogimiento de la opción adecuada.

Artículo 15. Cuando un Contador Público Autorizado expresa una opinión sobre los estados financieros, su juicio involucrado descansa en que los resultados de las decisiones sobre las operaciones del cliente están en los estados financieros razonablemente presentados y no en el juicio subjetivo de tales decisiones. El ser un factor en el proceso de la toma de decisiones del cliente, no merma la objetividad del Contador Público Autorizado al juzgar la razonabilidad de la presentación.

Artículo 16. La consideración más importante sería, si la integridad de un Contador Público Autorizado pudiera verse comprometida al expresar una opinión sin salvedades sobre los estados financieros que fueron preparados por el cliente, de tal manera, que incluyan una decisión desacertada relativa al negocio efectuado, y sobre la cual el Contador Público Autorizado brindó su consejo. Los riesgos para la integridad del Contador Público Autorizado que surjan de tal compromiso, incluyendo la responsabilidad con terceras partes conllevan las sanciones prescritas por este Código.

Artículo 17. El brindar asesoramiento, consejos o recomendaciones a un cliente que pudieran o no involucrar hechos relacionados con su información, así como el sistema de control interno de un cliente que pudiera afectar la toma de decisiones, no indica falta de independencia.

Artículo 18. En resumen, al Contador Público Autorizado le es difícil evitar las presiones externas sobre su integridad y su objetividad en el curso de su trabajo profesional; pero se espera que resista a estas presiones. El Contador Público Autorizado deberá, de hecho, retener su integridad y objetividad en todas las fases de su práctica profesional y, al expresar opiniones sobre estados financieros, deberá evitar verse envuelto en situaciones que pudieran perjudicar la credibilidad de su independencia, por parte de los usuarios quienes están familiarizados con los hechos.

Artículo 19. El Contador Público Autorizado que desempeñe un cargo público o bien un cargo privado podrá firmar el informe de contabilidad y los estados financieros de la entidad en que presta sus servicios, indicando el carácter del empleo que ocupa y la responsabilidad que se asume con respecto a dicho informe. Además, deberá indicar el número de su registro profesional ante la Junta Técnica de Contabilidad.

CAPITULO SEGUNDO

COMPETENCIA Y NORMAS TÉCNICAS

Artículo 20. El Contador Público Autorizado debe observar las normas técnicas de la profesión y esforzarse continuamente para mejorar su competencia y mantener en alto la calidad de sus servicios.

Artículo 21. Siendo la información que revela la contabilidad de gran importancia para los diferentes sectores de la economía, El Contador Público Autorizado, ya sea en la práctica pública, servicio gubernamental, empleo privado u ocupación académica deberá ejecutar su trabajo con grado alto de profesionalismo.

Artículo 22. El Contador Público Autorizado deberá buscar y mantener el mejoramiento de su capacidad en todas las áreas de la contabilidad en las que esté involucrado. El deberá cumplir con los requisitos para obtener la licencia de Contador Público Autorizado, como evidencia de competencia básica al momento en que la idoneidad es expedida, pero esto no justifica que se asuma que esta competencia se mantenga si un esfuerzo continuado. Además, tampoco justifica el emprender compromisos complejos sin experiencia ni sin estudios adicionales.

Artículo 23. Un Contador Público Autorizado no deberá brindar servicios profesionales si estar consciente de poseer dominio técnico y de estar en condiciones de cumplir con las normas aplicables. Cuando las normas técnicas que se emitan y publiquen no puedan cubrir a plenitud todo el campo de la contabilidad; el Contador Público Autorizado deberá mantenerse continuamente actualizado recurriendo a otras fuentes.

Artículo 24. La observación de las reglas sobre competencia, requiere una determinación subjetiva por parte del Contador Público Autorizado respecto a cada compromiso. Estos compromisos requerirán un alto nivel de conocimiento, habilidad y juicio. La competencia para tratar con un problema que no le es familiar, puede lograrse por medio de la investigación, el estudio o las consultas con profesionales que tengan la competencia adecuada. Si un Contador Público Autorizado no puede lograr la competencia suficiente a través de estos medios, deberá sugerir, siendo honesto con su cliente y con el público, que se contrate a alguien competente para efectuar el servicio que se necesita, ya sea como independiente o como asociados.

Artículo 25. Las normas a que se refieren estos artículos son elaboradas y emitidas para satisfacer las condiciones cambiantes, y el mantenerse al día en este respecto es responsabilidad de cada Contador Público Autorizado.

Artículo 26. El Contador Público Autorizado deberá renovar continuamente sus conocimientos técnicos y llevar a cabo los estudios e investigaciones necesarios que lo mantengan al día de todos los eventos y circunstancias que puedan influenciar, reglamentar o de cualquier forma, afectar su competencia o el campo de su actuación, en su relación con los clientes.

CAPITULO TERCERO

RESPONSABILIDAD CON LOS CLIENTES

Artículo 27. El Contador Público Autorizado deberá ser honesto y sincero con sus clientes y servirles con su mejor habilidad, con preocupación profesional por sus mejores intereses, conforme a su responsabilidad con el público.

Artículo 28. Como profesional, el Contador Público Autorizado deberá servir a sus clientes con honestidad, competencia y con celo profesional por sus intereses. Sin embargo, no deberá permitir que su preocupación por los intereses de un cliente, prevalezca sobre su obligación con el público de mantener independencia, integridad y objetividad. El desempeño de esta doble responsabilidad con los clientes y con el público, requiere de un grado alto de percepción y conducta ética.

Artículo 29. Es fundamental que el Contador Público Autorizado mantenga en estricta confidencia, toda la información concerniente a los asuntos del cliente. Esto no significa, sin embargo, que deba acceder a las presiones de algunos clientes y hacer revelaciones en los informes financieros, que sean necesarios para una presentación razonable.

Artículo 30. Es indebido aprovechar las relaciones con un cliente para conseguir ventajas personales.

CAPITULO CUARTO

RESPONSABILIDADES EN EL EJERCICIO DE LA PROFESIÓN

Artículo 31. El Contador Público Autorizado debe conducirse de tal manera que promueva la cooperación y las buenas relaciones entre los miembros de la profesión.

Artículo 32. El apoyo de una profesión por parte de sus miembros, y la cooperación entre ellos son elementos esenciales del carácter del profesional. La confianza pública y el respeto de que goza el Contador Público Autorizado es en gran parte el resultado de los logros acumulados de todos los C.P.A., pasados y presentes. Por lo tanto, le corresponde al C.P.A., mantener los esfuerzos colectivos entre colegas a través de Asociaciones Profesionales y Organismos afines, alternando con ellos, de tal manera que dignifique su reputación y bienestar.

Artículo 33. Aun cuando la renuencia de un profesional, a dar testimonio que pueda ser dañino a un colega es comprensible, la obligación de respeto profesional y consideración fraternal nunca deberá excusar la falta de veracidad, sobre todo si el Contador Público Autorizado está declarando como testigo en una audiencia indagatoria judicial o administrativo.

Artículo 34. El Contador Público Autorizado tiene la obligación de ayudar a sus colegas a cumplir con el Código de Ética Profesional y deberá también ayudar a las autoridades disciplinarias respectivas, a poner en vigor dicho Código. El disimular o condonar una falta seria, podría ser tan perjudicial como cometerla. En situaciones de esta clase, el bienestar del público deberá ser la guía para la acción que debe tomar el Contador Público Autorizado.

Artículo 35. Mientras que el Código señala y regula ciertas acciones específicas en el área de las relaciones con los colegas, deberá entenderse que estas regulaciones no definen los límites de una conducta moral satisfactoria entre los profesionales. Es más, tal conducta contempla la consideración y la cortesía profesional que cada Contador Público Autorizado en ejercicio le gustaría recibir de sus colegas.

Artículo 36. Es natural que un Contador Público Autorizado busque la superación de su práctica. Sin embargo, deberá hacerlo sin tratar de desplazar a otro Contador Público Autorizado sobre todo en su relación con los clientes, y además, deberá actuar en forma positiva sobre los colegas en ejercicio.

Artículo 37. El Contador Público Autorizado podrá ofrecer servicios a aquellos que se lo soliciten, aun cuando esos clientes estén recibiendo servicios de otro Contador Público Autorizado en otra área profesional, y podrán reemplazar a un colega a solicitud del cliente. En tales circunstancias, es deseable antes de aceptar un compromiso, que el Contador Público Autorizado, a quien se le ha solicitado los servicios, lo comunique con el Contador Público Autorizado que está o estaba sirviendo anteriormente al cliente. Tal acción indicará, no sólo consideraciones de cortesía profesional, sino buen juicio de negocios.

Artículo 38. Un cliente puede, en algunas ocasiones, solicitar servicios que requieran conocimientos altamente especializados. Si el Contador Público Autorizado no tiene la experiencia necesaria para brindar estos servicios, podrá llamar a un colega para que le ayude, o referir todo el compromiso a otro.

CAPITULO QUINTO

RESPONSABILIDAD FRENTE AL PÚBLICO Y OTRAS REGULACIONES

Artículo 39. El Contador Público Autorizado deberá conducirse de tal manera, que enaltezca la profesión y desarrolle su capacidad para servir al público adecuadamente.

Artículo 40. En vista de la importancia de su función, los Contadores Públicos Autorizados deberán estar conscientes del interés del cliente y de las necesidades del público. Por esto, deberán favorecer los esfuerzos para lograr la igualdad de oportunidades para todos, cualesquiera que sea su grupo étnico, su religión o su sexo, y mantendrán este principio con sus propios servicios y prácticas profesionales.

Artículo 41. El Contador Público Autorizado se beneficia del prestigio y del carácter de su profesión y de sus servicios, ya que es visto como representante de aquella. El Contador Público Autorizado deberá actuar con honestidad, tanto en su vida personal, como profesional; y evitar cualquier conducta que pueda ir en detrimento del respeto y de la confianza del público, en la profesión, así como su colegiación.

Artículo 42. Está prohibido por Reglas de Conducta ofrecer servicios a clientes atribuyéndose cualidades y características falsas o engañosas. Estas actitudes tienden a disminuir la condición de independencia profesional hacia sus clientes, lo cual es esencial para los mejores intereses del público. La competencia desleal y el engaño pueden inducir a la rivalidad poco saludable dentro de la profesión y por tanto, disminuir las relaciones profesionales entre los miembros de la profesión.

Artículo 43. Está prohibida la publicidad falsa que pretende engañar, porque estimula a hacer presentaciones de apariencias inciertas para el público y por tanto, pueden destruir o reducir la eficacia de la profesión para la sociedad. El Contador Público Autorizado debe procurar una reputación respetable por su competencia y por su carácter vertical. Hay muchas formas para lograrlo: por medio del servicio público, por actividades cívicas y políticas, e inscribiéndose en asociaciones y clubes. Es deseable que comparta sus conocimientos con grupos interesados, al aceptar las solicitudes para dictar seminarios como también pronunciar discursos y escribir artículos. Cualquier publicidad que ocurra como consecuencia natural de dichas actividades, es completamente aceptable. [8]Sería poco profesional si el Contador Público Autorizado iniciara o realizara una campaña publicitaria activa.

Artículo 44. En su trabajo, el Contador Público Autorizado deberá estar motivado, más por el deseo de ofrecer un buen servicio en la ejecución de su trabajo, que por la compensación material. Esto no quiere decir que deba ser indiferente a dicha compensación, ya que esta deberá ser establecida tomando en cuenta la naturaleza de su trabajo y no sus necesidades personales.

---

[8] En fallo de 19 de diciembre de 2019, publicado en Gaceta Oficial No. 29369, se declaró que NO ES ILEGAL la frase "Sería poco profesional si el Contador Público Autorizado iniciara o realizara una campaña publicitaria activa".

Artículo 45. Al establecer sus honorarios, el Contador Público Autorizado debe evaluar el grado de responsabilidad asumida al aceptar un compromiso, al igual que el tiempo, horas-hombre y, especialidades que requieran para efectuar el servicio, de conformidad con las normas de la profesión. También deberá tomar en cuenta el valor del servicio ofrecido al cliente, los cargos por dicho servicio que acostumbran hacer sus colegas profesionales y otras consideraciones afines. Ningún factor es necesariamente determinante.

Artículo 46. Los clientes tienen derecho de saber por adelantado la tarifa que le será aplicada y cuánto les costará el trabajo aproximadamente. Sin embargo, cuando el compromiso involucre juicio profesional o circunstancias difíciles de predeterminar, no es posible dar un cargo justo hasta cuando el trabajo haya sido completado. Por esta razón, el Contador Público Autorizado presentará sus honorarios para los servicios propuestos, en forma de estimados que pueden estar sujetos a cambios, a medida que adelantan el trabajo.

Artículo 47. Otras prácticas prohibidas por las Reglas de Conducta incluyen el utilizar cualquier designación personal o descripción de una persona jurídica integrada por C.P.A., que puedan resultar engañosas; o practicar como una empresa profesional o sociedad que no cumpla con las disposiciones establecidas por la ley que regula el ejercicio profesional de la contabilidad.

Artículo 48. El Contador Público Autorizado, mientras practique la Auditoría independiente, no puede comprometerse en un negocio u ocupación que sea incompatible con esta. Ciertas ocupaciones son claramente incompatibles con la práctica de la contabilidad pública; la profesión nunca ha pretendido listarlas, ya que, en la mayoría de los casos, las circunstancias individuales indican si existe o no un conflicto de intereses.

Artículo 49. El pago y recibo de comisión por referir clientes a un Contador Público Autorizado está prohibido ya que los profesionales deberán esperar de sus clientes, y no de otros, la compensación por los servicios brindados.

CAPITULO SEXTO

EL CONTADOR PÚBLICO AUTORIZADO EN LA DOCENCIA

Artículo 50. El Contador Público Autorizado que imparta cátedra debe orientar a sus estudiantes para que estos, en su futuro ejercicio profesional actúen con estricto apego a las normas de ética profesional.

Artículo 51. Es obligación del Contador Público Autorizado-catedrático mantenerse actualizado en las áreas de su profesión, a fin de transmitir al estudiante los conocimientos más avanzados de la materia en la teoría y práctica profesional.

Artículo 52. El Contador Público Autorizado en la exposición de su cátedra podrá referirse a casos reales o concretos de los negocios, pero se abstendrá de proporcionar información que identifique a personas, empresas o instituciones relacionadas con dichos casos, salvo que los mismos sean del dominio público o se cuente con autorización expresa para el efecto.

Artículo 53. El Contador Público Autorizado-catedrático en su práctica docente deberá abstenerse de hacer comentarios que perjudiquen la reputación o prestigio de estudiantes, catedráticos, Contadores Públicos Autorizados o de la profesión en general.

Artículo 54. En sus relaciones con la administración o autoridades de la Institución en la que ejerza como catedrático, deberá ser respetuoso de la disciplina prescrita, sin embargo, debe mantener una posición de independencia mental y espíritu crítico en cuanto a la problemática que plantea el desarrollo de la ciencia o técnica objeto de estudio.

CAPITULO SÉPTIMO

EL CONTADOR PÚBLICO AUTORIZADO EN LOS SECTORES PÚBLICOS Y PRIVADO

Artículo 55. El Contador Público Autorizado que desempeñe un cargo en los sectores públicos o privados no debe participar en la planeación o ejecución de actos que puedan calificarse de deshonestos o indignos, o que originen o fomenten la corrupción en la administración de los negocios o de la cosa pública.

Artículo 56. Por la responsabilidad que tiene con los usuarios externos, la información financiera, el Contador Público Autorizado en los sectores públicos y privado debe preparar y presentar los informes financieros para efectos externos de acuerdo con los principios de contabilidad generalmente aceptados y las normas de contabilidad financiera promulgadas por la Comisión respectiva [9]y aprobadas por la Junta Técnica de Contabilidad, de acuerdo con el artículo 83 al 88.

Artículo 57. En las declaraciones de cualquier naturaleza que el Contador Público Autorizado en el desempeño de su labor, presente a las dependencias oficiales y al público, tiene el deber de suministrar información veraz, apegada a los datos reales del negocio, institución o dependencia correspondiente.

Artículo 58. Es obligatorio para el Contador Público Autorizado mantenerse actualizado en los conocimientos inherentes a las áreas de su ejercicio profesional y

---

[9] Declarado INCONSTITUCIONAL por el Pleno de la Corte Suprema de Justicia, mediante fallo del 20 de marzo de 2002, publicado en Gaceta Oficial No. 24574

Código de Ética Profesional para Contadores Públicos Autorizados

participar en la difusión de dichos conocimientos a los otros miembros de la profesión.

CAPITULO OCTAVO

SANCIONES

Artículo 59. El Contador Público Autorizado que incumpla cualesquiera de las normas, reglas y artículos del presente Código de Ética Profesional, se hará acreedor a las sanciones que le imponga la Junta Técnica de Contabilidad de acuerdo con el artículo 22 de la Ley 57 de 1978[10] que a la letra señala:

> **"Artículo 22.** El Contador Público Autorizado que contravenga las Normas del Código de Ética Profesional y la presente Ley, se hará acreedor a las sanciones correspondientes por las faltas que cometa, las cuales serán impuestas por la Junta Técnica de Contabilidad por orden de gravedad, de la siguiente manera:

---

[10] La Ley 57 de 1978 fue derogada mediante la Ley 280 de 2021. En esta ley, las sanciones se encuentran en el artículo 29 y establece las siguientes sanciones: 1. Amonestación verbal 2. Amonestación escrita, que consiste en una represión escrita que se hace a la persona, dejando constancia en su expediente. 3. Suspensión temporal de la Licencia. 4. Cancelación de la Licencia.

ch. CLIENTE: La persona natural o jurídica que contrata servicios profesionales, a un Contador Público Autorizado o a una Firma dedicada a la práctica profesional independiente.

d. EMPRESA: La persona natural o jurídica constituida como negocio unipersonal, sociedad colectiva o sociedad anónima lucrativa o no lucrativa a la cual un Contador Público Autorizado brinda sus servicios profesionales.

e. FIRMA: Es la persona natural o jurídica organizada conforme a la Ley, cuyo objetivo es la práctica profesional independiente en la cual su propietario, socio, accionistas, directores, dignatarios y representantes legales son Contadores Públicos Autorizados.

f. ESTADOS FINANCIEROS: Son los resúmenes económicos y las notas afines que revelan la situación financiera y/o cambios en la situación financiera que se aplican a un período definido de tiempo, usando como base el valor monetario u otra referencia de contabilidad. El dictamen, los balances generales, estados de resultados, estados de utilidades retenidas, estados de cambios en la situación financiera y los estados de cambios en la participación de propietarios, y las notas se consideran como Estados Financieros Básicos.

g. **LA INFORMACIÓN FINANCIERA:** Incidental incluida en los informes de servicios de asesoría administrativa, para apoyar las recomendaciones a un cliente y las declaraciones juradas del impuesto sobre la renta y sus detalles, no son considerados como estados financieros; y la declaración de renta, refrendo, visto bueno, o firma de los que preparan las declaraciones juradas del impuesto sobre la renta, no constituyen una opinión sobre los estados financieros, ni implican una negación de tal opinión.

h. **ASOCIACIONES PROFESIONALES:** Son los organismos colegidos tales como: El Colegio de Contadores Públicos Autorizados de Panamá, la Asociación de Mujeres Contadoras de Panamá y la Asociación de Contadores y Contadores Públicos Autorizados de Panamá, así como los futuros organismos reconocidos ante la Junta Técnica de Contabilidad.

i. **INTERPRETACIONES DE LAS REGLAS DE CONDUCTA:** Son los pronunciamientos emitidos por la Junta Técnica de Contabilidad, para que sirvan de pautas en lo que se financieros, de tal manera que implique que están actuando como un Contador Público Autorizado y/o firma independiente y bajo circunstancias que lleven al lector a asumir que se siguen las prácticas de la República de Panamá, ellos deberán cumplir con los requerimientos de los artículos 79 al 82 y los artículos 83 y 84 referentes a Competencias y Normas de Auditoría.

Artículo 63: A un Contador Público Autorizado o firma se les deberán hacer responsables por el cumplimiento de las Reglas de Conducta de todas las personas que estén bajo supervisión en la práctica profesional independiente.

Artículo 64: El Contador Público Autorizado que esté ejerciendo la práctica profesional independiente, deberá observar todas las Reglas de Conducta. Un Contador Público Autorizado que no esté ejerciendo la práctica profesional independiente, deberá observar los artículos 78 (Integridad y Objetividad), y 99 al 101 (Actos de Descrédito), ya que todos los otros artículos se relacionan solamente con la práctica profesional independiente.

Artículo 65: Ningún Contador Público Autorizado deberá permitir que otro realice en su nombre, ya sea con o sin compensación, actos que, si los realizara el Contador Público Autorizado, lo colocarían en violación del Código de Ética Profesional.

TITULO TERCERO

INDEPENDENCIA RESPECTO A LOS CLIENTES

CAPITULO PRIMERO

INDEPENDENCIA

Artículo 66: Un Contador Público Autorizado o la Firma de la cual él es socio, accionista, director, dignatario o representante legal, no puede expresar una opinión con relación a los estados financieros de una empresa, salvo que él o su firma, sea de criterio independiente e imparcial con respecto a dicha empresa.

Artículo 67: Se considera que no hay independencia ni imparcialidad en cualesquiera de los siguientes casos:

A. Si durante el período o ejercicio que cubren los estados financieros bajo examen con relación al cual se le pide que exprese opinión, el Contador Público Autorizado o su firma:

1. Tenga, haya tenido o esté comprometido a adquirir, directa o indirectamente, algún interés financiero o importante en dicha empresa.

2. Tenga, o haya tenido una participación económica en la empresa, o con algunos de sus ejecutivos, directores o principales accionistas, en la medida que tal participación sea importante en relación con su patrimonio o el capital de su firma.

3. Tenga, o haya tenido algún préstamo de la empresa o de cualquier ejecutivo, director, o accionistas principales de la empresa. Se exceptúan los préstamos obtenidos de instituciones financieras bajo procedimientos, términos y requerimientos normales, siempre y cuando, se otorguen bajo alguna de las siguientes condiciones:

    a. Préstamos obtenidos por el Contador Público Autorizado o su firma que no son importantes en relación con su capital.

b. Préstamos con garantía hipotecaria.

c. Otros préstamos garantizados por un miembro de la firma del Contador Público Autorizado que de otra manera estarían sin garantía.

B. Si durante el ejercicio económico que cubren los estados financieros bajo examen y sobre los cuales se le pide que exprese una opinión, el Contador Público Autorizado o su firma:

1. Sea, haya sido o tenga tratos verbales o escritos encaminados a ser promotor, corredor, agente fiduciario, director o ejecutivo o cualquier condición que equivalga a ser un funcionario administrativo o un empleado de la empresa.

2. Sea, haya sido o tenga tratos verbales o escritos encaminados a ser fideicomisario de cualquier fideicomiso; ejecutor o administrador de cualquier herencia o sucesión; si tal fideicomiso, herencia o sucesión tiene un interés financiero importante directo o indirecto en la empresa; o de cualquier fideicomiso de jubilaciones, pensiones o de plan de participación de utilidades de la empresa.

C. Si el Contador Público Autorizado es cónyuge pariente dentro del 3er. grado de consanguinidad y dentro del 2do. grado de afinidad, del propietario o socio principal de la empresa o de algún director, administrador o empleado del cliente, que tenga intervención importante en la administración o en las cuentas de dicho cliente.

D. Si recibe en cualquier circunstancia o motivo, participación directa sobre los resultados del trabajo que se le encomendó, o de la empresa que contrató sus servicios profesionales y exprese su opinión sobre los estados financieros en circunstancias en las cuales sus honorarios dependan del éxito de cualquier transacción con excepción de los casos que se relacionen con impuestos o derechos en que las decisiones dependen de las autoridades y no del Contador Público Autorizado.

Artículo 68: Cuando al Contador Público Autorizado se le solicita que, por su prestigio participe o cuando se le tenga como dignatario de organizaciones sin fines lucrativos, tales como instituciones benéficas, religiosas y cívicas, cuyas Juntas de Directores son representativas de liderazgo dentro de la comunidad, y él estuviese dedicado a la práctica profesional independiente; no se considerará que carece de independencia bajo los artículos 66 y 67, siempre y cuando no realice o dé asesoramiento en funciones administrativas, y la Junta de Directores sea lo suficientemente amplia como para que un tercero concluya que su participación es honorífica.

Artículo 69: Socios retirados y la independencia de la firma. Se considera que una firma no es independiente si un socio retirado de dicha firma, aún activo en los negocios o en los asuntos de la firma, es accionista, director, ejecutivo, o mantenga cualquier condición que equivalga a ser un funcionario o empleado administrativo de jerarquía en la empresa que le encomendó un trabajo a la firma.

Artículo 70: Servicios de contabilidad. A los Contadores Públicos Autorizados dedicados a la práctica profesional independiente, en ocasiones los clientes les solicitan proveer servicios de teneduría de libros porque carecen de los recursos para disponer de un departamento de contabilidad adecuado. El servicio de diseños de sistemas computarizados y asistencia en análisis y programación también es rendido por el Contador

Público Autorizado, ya sea en relación con servicios de procesamiento de datos, mecanizados o manuales. Los Contadores Públicos Autorizados que realicen tales servicios y estén dedicados a la práctica profesional con independencia e imparcialidad, también están sujetos a las reglas del Código de Ética Profesional.

Artículo 71: Cuando en ocasiones, el Contador Público Autorizado arrienda "tiempo de máquina" de sus computadoras a sus clientes, pero este alquiler no se involucra en el procesamiento de transacciones o de mantenimiento de registros de contabilidad del cliente. En tales casos, el alquiler de "tiempo de máquina" no constituye una relación de tipo profesional y por consiguiente debe ser considerado en conjunto con todas las otras relaciones entre el Contador Público Autorizado y su cliente, para determinar si su efecto acumulativo es tal, que pudiera menoscabar la independencia del Contador Público Autorizado.

Artículo 72: Con respecto a juicios y criterios de contabilidad, si terceras personas confían en el criterio profesional de un Contador Público Autorizado para la realización de una auditoría, se considera que también confiarán en su juicio profesional para su aplicación, durante el proceso de preparar los registros de contabilidad.

Artículo 73: Un Contador Público Autorizado o firma que realice servicios de Contabilidad para un cliente de auditoría, debe cumplir con los siguientes requerimientos a fin de que pueda tener la apariencia de que no es virtualmente un empleado de dicho cliente y, por tanto, carecería de independencia a la vista u opinión de los usuarios de los estados financieros de tal cliente y ante terceras personas.

Artículo 74: El Contador Público Autorizado no debe mantener ninguna relación con el cliente que distorsione su independencia e imparcialidad, ni ningún conflicto de intereses que pueda mermar su integridad y su objetividad.

Artículo 75: Los clientes deben ser conscientes de aceptar la responsabilidad de sus estados financieros por ellos preparados, sin embargo, un cliente pequeño puede no tener empleados destinados a llevar los registros de contabilidad y en este caso puede depender del Contador Público Autorizado para este propósito. No obstante, el cliente debe tener suficiente conocimiento de las actividades y de las condiciones financieras de su empresa y así como de los principios de contabilidad aplicables, de tal manera que acepte, la responsabilidad de los estados financieros como propios, incluyendo, específicamente la razonabilidad de las valuaciones en la presentación de sus estados financieros y lo adecuado de sus revelaciones. Cuando sea necesario, el Contador Público Autorizado debe discutir los asuntos de contabilidad con el cliente para asegurarse de que éste, ha comprendido adecuadamente la situación planteada.

Artículo 76: La imagen del Contador Público Autorizado de hoy es la de un asesor técnico y el Contador Público Autorizado no debe asumir el papel de empleado o de administrador que dirige las operaciones del cliente. No debe llevar a cabo transacciones, ni tener custodia de activos o ejercer autoridad a nombre del cliente. El cliente debe preparar las evidencias y documentos originales de todas las transacciones, con suficiente detalle que permita identificar claramente, la naturaleza e importe de tales transacciones y mantener un control en contabilidad sobre los datos procesados por el Contador Público Autorizado, tales como, control sobre los totales y número de documentos.

Artículo 77: Cuando el Contador Público Autorizado efectúe un examen de los estados financieros preparados de libros y registros que él ha llevado total o parcialmente, debe cumplir con las normas y los procedimientos de auditoría generalmente aceptados. El hecho de que él haya procesado o llevado ciertos registros, no elimina la necesidad de efectuar suficientes pruebas de auditoría.

CAPITULO SEGUNDO

INTEGRIDAD Y OBJETIVIDAD

Artículo 78: Cuando un Contador Público Autorizado está dedicado a la práctica profesional independiente, no debe, a sabiendas desvirtuar los hechos incluyendo la prestación de servicios de asesoramiento tributario o administrativo, ni debe subordinar su juicio a los de otros.

En el asesoramiento tributario, un Contador Público Autorizado debe resolver las situaciones y dudas en favor de sus clientes, siempre que existan sustentaciones y evidencias razonables para respaldar su posición.

TITULO CUARTO

COMPETENCIA Y NORMAS TÉCNICAS

CAPITULO PRIMERO

COMPETENCIA

Artículo 79: Un Contador Público Autorizado no deberá aceptar ningún compromiso que él o su firma no pueda cumplir razonablemente con suficiente competencia profesional.

Artículo 80: La aceptación por el Contador Público Autorizado de un compromiso profesional de hecho implica que él tiene la competencia necesaria, para cumplirlo de acuerdo con normas profesionales, aplicando su conocimiento y su habilidad con cuidado y diligencia; sin embargo, el Contador Público Autorizado no asume responsabilidad por infalibilidad en el conocimiento o en el juicio profesional que se forme.

Artículo 81: La competencia en la práctica profesional independiente involucra las calificaciones técnicas del Contador Público Autorizado y la de su personal, así como la habilidad para supervisar y evaluar la calidad del trabajo efectuado. La competencia se relaciona con el conocimiento de las normas de la profesión, de las técnicas relacionadas y con la capacidad de ejercer un juicio con criterio profesional confiable al aplicar tal conocimiento en cada compromiso.

Artículo 82: El Contador Público Autorizado debe tener la capacidad profesional requerida para completar eficientemente, un compromiso antes de aceptarlo. En muchos casos, sin embargo, investigaciones adicionales o consultas con otros pueden ser necesarias durante el curso de dicho compromiso. Esto no representa una falta de competencia, sino que es una etapa habitual en la conducta profesional del Contador Público Autorizado.

Sin embargo, si el Contador Público Autorizado no se considera competente para asumir la responsabilidad del compromiso a través de estos medios deberá sugerir que se contrate a alguien competente para efectuar el servicio necesario, ya sea independientemente, o como un asociado.

CAPITULO SEGUNDO

PRONUNCIAMIENTOS DE AUDITORÍA

Artículo 83: El nombre de un Contador Público Autorizado no debe estar asociado con estados financieros de tal manera que impliquen que él está actuando como tal, a menos que haya cumplido con las normas de auditoría generalmente aceptadas, que sean aplicables. Los Pronunciamientos sobre Normas de Auditoría que han sido emitidas por la Comisión de Normas de Auditoría constituida por las Asociaciones Profesionales de la Contabilidad, son, para los propósitos de este artículo, considerados como interpretaciones de las normas de auditoría generalmente aceptadas, y las desviaciones de estas declaraciones deben ser justificadas por aquellos que no las siguen. La Junta Técnica de Contabilidad irá registrando de tiempo en tiempo tales normas emitidas a fin de oficializar las mismas, así como las modificaciones posteriores que sean emitidas por la comisión.

Artículo 84: El artículo anterior imposibilita a un Contador Público Autorizado ante sus clientes a relacionarse con los estados financieros no auditados. Esta regla señala en parte que: "Un Contador Público Autorizado no deberá permitir que su nombre sea asociado con estados financieros de tal manera que implique que él está actuando como tal, a menos que haya cumplido con las normas de auditoría generalmente aceptadas", emitidas por la Comisión de Normas de Auditoría. Al aplicar esta previsión a situaciones en las cuales el nombre de un Contador Público Autorizado está asociado con estados financieros no auditados, es necesario que el informe así lo indique debido a que las normas fueron específicamente emitidas para aplicarlas a estados financieros auditados.

En todos los casos en que el nombre de un auditor esté asociado con estados financieros, el informe debe contener una indicación del carácter del examen del auditor, y el grado de responsabilidad que está asumiendo.

CAPITULO TERCERO

NORMAS DE CONTABILIDAD FINANCIERA

Artículo 85: Un Contador Público Autorizado no deberá expresar una opinión que indique que los estados financieros fueron preparados de conformidad con principios de contabilidad generalmente aceptados, si tales estados contienen alguna desviación de un principio de contabilidad adoptado por la Comisión de Normas de Contabilidad Financiera, constituida por las Asociaciones Profesionales de la Contabilidad, y que tal situación tenga un efecto importante sobre los estados financieros en conjunto, a menos que el Contador Público Autorizado pueda demostrar que, debido a circunstancias poco usuales, los estados financieros, de otra manera, hubieran sido engañosos. En tales casos su informe deberá describir la desviación, los efectos aproximados que conlleva, si resulta práctico, y las razones del por qué el cumplimiento con el principio podría resultar en un estado financiero engañoso.

Artículo 86: La Junta Técnica de Contabilidad irá registrando de tiempo en tiempo tales normas emitidas a fin de oficializarlas, así como las modificaciones posteriores que sean emitidas por la comisión.

Artículo 87: Exige el cumplimiento con principios de contabilidad financiera emitidos por la Comisión de Normas de Contabilidad Financiera. La observación de los principios de contabilidad generalmente aceptados, conlleva en casi todas las instancias, a estados financieros que revelen una situación financiera razonable que se desea conocer.

En tales casos, el debido tratamiento de contabilidad o las operaciones es aquel que permite presentar estados financieros cuyas cifras revelen resultados razonables.

Artículo 88: La determinación de circunstancias poco usuales para la aplicación de un principio de contabilidad generalmente aceptado está regulada por las Normas de Contabilidad Financiera y es un asunto de criterio profesional que involucra la capacidad para justificar la posición adoptada.

CAPITULO CUARTO

SOBRE PROYECCIONES FINANCIERAS

Artículo 89: Un Contador Público Autorizado no deberá permitir que se use su nombre unido a cualquier proyección de hechos y/o eventos económicos de forma tal que esto pueda llevar a la creencia de que el Contador Público Autorizado garantiza la realización de tal proyección.

Artículo 90: No se prohíbe a un Contador Público Autorizado preparar, o ayudar a su cliente en la presentación de proyecciones de los resultados de transacciones. Cuando el nombre de un Contador Público Autorizado esté asociado con tales proyecciones, éste deberá asumir que tal información puede ser usada por otras personas, además de su cliente. Por lo tanto, se deberá hacer una completa revelación de todas las fuentes de información usadas, además, la revelación se extenderá al conocimiento de las principales presunciones que se hicieron en la preparación de los estados financieros estimados, el carácter del trabajo efectuado por el Contador Público Autorizado y el grado de responsabilidad que éste asumiera.

TITULO QUINTO

RESPONSABILIDAD CON LOS CLIENTES

CAPITULO PRIMERO

INFORMACIÓN CONFIDENCIAL DEL CLIENTE

Artículo 91: Un Contador Público Autorizado no debe revelar la información confidencial que obtuvo del cliente durante el curso de su compromiso profesional, excepto con el consentimiento del propio cliente.

Artículo 92: El artículo anterior no debe ser interpretado para:

a) Revelar a otro Contador Público Autorizado de sus obligaciones bajo los artículos 83 y 84.

b) Afectar de alguna manera su cumplimiento con un emplazamiento o requerimiento mandatorio por orden judicial.

c) Prohibir la revisión de la práctica profesional de un Contador Público Autorizado como parte de una revisión voluntaria con la autorización de la Junta Técnica de Contabilidad o por iniciativa de ésta.

d) Impedir a un Contador Público Autorizado a que responda a una investigación hecha por la Junta Técnica de Contabilidad.

Artículo 93: Los miembros de la Junta Técnica de Contabilidad o los Revisores de la Práctica Profesional que ésta designe, en cumplimiento del artículo 14 de la Ley 57 de 1978[13], no deberán revelar la información confidencial que llegue a su conocimiento en el cumplimiento de sus responsabilidades oficiales. Sin embargo, esta prohibición no debe restringir el intercambio de información entre la Junta Técnica de Contabilidad y los Revisores Autorizados.

Artículo 94: La prohibición de la revelación de la información confidencial obtenida del cliente durante el curso de un compromiso profesional, no se aplica cuando dicha revelación es requerida para relevar la responsabilidad a un Contador Público Autorizado de acuerdo a las normas de conducta. La prohibición

---

[13] La Ley 57 de 1978 fue derogada por la Ley 280 de 2021. Las funciones de la Junta Técnica de Contabilidad se encuentran en el artículo 22 de la Ley 280 de 2021.

tampoco se aplica a la revelación requerida sobre eventos que existían a la fecha del dictamen del auditor, pero descubiertos posteriormente.

CAPITULO SEGUNDO

HONORARIOS CONTINGENTES

Artículo 95: Los servicios profesionales no deben ser ofrecidos ni ser efectuados bajo arreglos por los cuales no se cobrarán honorarios, a menos que se encuentre algo o se obtenga un resultado específico, o donde los honorarios dependan del hallazgo o el resultado de tales servicios. Sin embargo, los honorarios de un Contador Público Autorizado pueden variar dependiendo de la complejidad del servicio prestado. Los honorarios no se consideran que son contingentes si son fijados por Tribunales u otra autoridad pública o en asuntos relacionadas con impuestos, si éstos son determinados en base a los resultados de procedimientos judiciales, o resoluciones de agencias gubernamentales.

TITULO SEXTO

RESPONSABILIDAD CON LOS COLEGAS

CAPITULO PRIMERO

INTROMISIÓN

Artículo 96: Un Contador Público Autorizado o la firma no intentará ofrecer a una persona o entidad un servicio profesional que esté siendo brindado por otro Contador Autorizado, excepto:

1. Cuando el Contador Público Autorizado responde a una solicitud de una propuesta para prestar sus servicios y está en capacidad de suministrarlos a aquellos que lo soliciten. Sin embargo, si un cliente de auditoría de un Contador Público Autorizado independiente, solicita a otro Contador Público Autorizado suministrar asesoría profesional en materia de Contabilidad o Auditoría, en relación con una expresión de opinión sobre estados financieros, el Contador Público Autorizado que esté atendiendo la solicitud de servicio, debe primero consultar con el otro Contador Público Autorizado para cerciorarse de que este último está enterado de todos los hechos relevantes al respecto.

2. Cuando un Contador Público Autorizado o la firma sea requerido para expresar una opinión sobre estados financieros consolidados o combinados los cuales incluyen una subsidiaria, sucursal u otro componente del grupo, auditada por otro Contador Público Autorizado, el primero puede manifestar su interés en auditar cualesquiera de los componentes del grupo que a su juicio sea necesario para sustentar la expresión de su opinión.

Artículo 97: El artículo anterior pone en claro, que no es impropio que un Contador Público Autorizado para expresar su opinión sobre estados financieros consolidados o combinados, manifieste su interés en auditar compañías de un grupo, que sea necesarias, a su juicio, para sustentar la expresión de su opinión. Sin embargo, el Contador Público Autorizado debe considerar los informes de otros colegas que hayan auditado subsidiarias, sucursales u otros componentes del grupo. La necesidad de auditar la situación de los estados financieros consolidados, dependerá del juicio del auditor, según las circunstancias.

CAPITULO SEGUNDO

OFERTAS DE EMPLEO

Artículo 98: Un Contador Público Autorizado en el ejercicio profesional independiente no deberá hacer en forma directa ni indirecta, ofertas de empleo a miembros del personal de otro Contador Público Autorizado en su propio nombre, o en el de su cliente sin que, primero informe al respecto a este último. Este artículo no se aplicará, si el empleado, por su propia iniciativa o en respuesta a un anuncio público, gestiona una oferta de empleo.

TITULO SÉPTIMO

OTRAS RESPONSABILIDADES Y PRÁCTICAS FRENTE AL PÚBLICO

CAPITULO PRIMERO

ACTOS DE DESCREDITO

Artículo 99: Un Contador Público Autorizado no deberá durante el ejercicio profesional cometer actos de descrédito a la profesión.

Artículo 100: La retención de los libros y documentos y la negativa de entregarlos al cliente, sin que exista una razón valedera, es un acto de descrédito a la profesión, en violación del artículo 99. No obstante, los papeles de trabajo del Contador Público Autorizado, en función de auditor independiente, si son de su propiedad, y por lo tanto su retención no constituye violación a dicho artículo.

Artículo 101: La discriminación en la contratación de empleos, promoción o políticas de salarios basada en cuando a grupos étnicos, color, religión, o sexo constituye un acto de descrédito a la profesión y por consiguiente una violación del artículo 99.

CAPITULO SEGUNDO

PUBLICIDAD Y OTRAS FORMAS DE PROMOCIÓN PROFESIONAL

Artículo 102: Un Contador Público Autorizado no debe hacer publicidad para obtener clientes mediante anuncios promocionales por ningún medio de divulgación ni otras formas de ofrecimiento de manera falsa, o engañosa.

Artículo 103: La publicidad obtenida a través de la vía informativa y objetiva es permitida. Tal publicidad promovida a través de noticias informativas y folletos ilustrativos debe ser seria y profesionalmente sustentada. Se considera que reúnen estos atributos, el anuncio del nombre del profesional, título, universidad, especialización, dirección, teléfono. Los miembros integrantes de asociaciones profesionales pueden agregar en su publicidad informativa, el nombre de la asociación a que pertenece siempre que ésta se encuentre registrada en la Junta Técnica de Contabilidad.

CAPITULO TERCERO

COMISIONES

Artículo 104: Un Contador Público Autorizado no pagará comisiones para obtener clientes, ni aceptará comisión por recomendar a su cliente los productos, cartera de clientes o servicios de terceros. Este artículo no incluye los pagos de compra de firmas de Contadores Públicos, cartera de clientes, o pagos de retiro o muerte del Contador Público Autorizado, regidos por reglamentaciones internas de cada firma.

Artículo Segundo: El presente Código de Ética Profesional para los Contadores Públicos Autorizados entrará a regir a partir de la fecha de su promulgación.

COMUNÍQUESE Y PUBLÍQUESE,

Dado en la ciudad de Panamá, a los diecisiete días del mes de mayo de mil novecientos ochenta y cuatro (1984)

JORGE ILLUECA

Presidente de la República

CARLOS JULIO QUIJANO JR.

Ministro de Comercio e Industrias

Resolución No. 11 de 2011: Procedimiento para el trámite e investigación de las denuncias que se presenten ante la Junta Técnica de Contabilidad

PROCEDIMIENTO PARA EL TRÁMITE E INVESTIGACIÓN DE LAS DENUNCIAS QUE SE PRESENTEN ANTE LA JUNTA TÉCNICA DE CONTABILIDAD

Resolución No. 11 de 2011: Procedimiento para el trámite e investigación de las denuncias que se presenten ante la Junta Técnica de Contabilidad

**REPÚBLICA DE PANAMÁ
MINISTERIO DE COMERCIO E INDUSTRIAS
DIRECCIÓN GENERAL DE COMERCIO INTERIOR
JUNTA TÉCNICA DE CONTABILIDAD**

[14]**RESOLUCIÓN No. 011
Panamá, 22 de septiembre de 20011**

LA JUNTA TÉCNICA DE CONTABILIDAD
En uso de sus facultades legales

CONSIDERANDO:

Que, de conformidad con el articulo 14 Literal f) de la Ley N° 57 de 1° de septiembre de 1978, es función de la Junta Técnica de Contabilidad investigar las denuncias formuladas contra los Contadores Públicos Autorizados o contra cualquier persona que infrinja disposiciones de la referida Ley o del Código de Ética Profesional, y sancionarlas o solicitar su sanción a las autoridades competentes.

Que, es necesario actualizar el procedimiento para el trámite e investigación de las denuncias que se presenten ante la Junta Técnica de Contabilidad.

---

[14] Publicado en Gaceta Oficial No. 26960-C, el 27 de enero de 2012.

Resolución No. 11 de 2011: Procedimiento para el trámite e investigación de las denuncias que se presenten ante la Junta Técnica de Contabilidad

RESUELVE:

PRIMERO: Las denuncias que se presenten ante la Junta Técnica de Contabilidad deberán constar por escrito y reunir los siguientes requisitos:

a) Nombre y apellido del denunciado, número de cédula, número de idoneidad, domicilio completo y teléfono, si es persona natural; y si es persona jurídica: nombre, datos de inscripción en el Registro Público, domicilio completo y teléfono, nombre de su Representante Legal, número de cédula, domicilio completo y teléfono.

b) Nombre y apellido del denunciante, número de cédula, domicilio completo y teléfono, si es persona natural; y si es persona jurídica: su nombre, datos de inscripción en el Registro Público, domicilio completo y teléfono, nombre de su Representante Legal, número de cédula, domicilio completo y teléfono,

c) Los hechos en que se fundamenta la denuncia.

ch) Las disposiciones legales en que se fundamenta la denuncia.

d) Las pruebas que obren en poder del denunciante.

e) Fecha de presentación y firma del denunciante, quien deberá acudir personalmente a este acto, o en su defecto, autenticar la firma ante Notario.

SEGUNDO: Presentada la denuncia ante la Junta Técnica de Contabilidad, ésta deberá determinar si es competente para conocer de ella y tramitarla. En caso contrario, deberá comunicarle al denunciante que carece de facultad para conocerla y le indicará la autoridad competente para ello.

TERCERO: Si la denuncia cumple con los requisitos establecidos en el artículo primero del presente instrumento jurídico, la misma será admitida mediante resolución; la cual será notificada personalmente a las partes. El denunciado deberá contestar la denuncia en el término de quince (15) días hábiles siguientes a la fecha de su notificación, aportando las pruebas que estime necesarias.

CUARTO: Admitida la denuncia, la Junta Técnica de Contabilidad encargará a unos de sus miembros la instrucción del proceso, quien deberá iniciar la investigación sobre los hechos y las causas que motivaron la denuncia, así como también los descargos que hubiesen sido presentados. Este miembro deberá presentar informe escrito que formará parte del expediente, que contendrá un resumen de los elementos examinados.

QUINTO: La Junta Técnica de Contabilidad fijará dentro del término de diez (10) días hábiles siguientes a la presentación del informe de que trata el artículo anterior, fecha de audiencia para la presentación de alegatos verbales por las partes.

SEXTO: La Junta Técnica de Contabilidad decidirá dentro de los treinta (30) días hábiles siguientes a la celebración de la audiencia, mediante resolución debidamente motivada el mérito de la denuncia, para lo cual se sujetará en lo referente a la aplicación de las sanciones a lo dispuesto por la Ley 57 de 1 de septiembre de 1978 y sus reglamentaciones.

SÉPTIMO: La resolución que emita la Junta Técnica de Contabilidad debe ser notificada personalmente a las partes, por medio de una diligencia en la que se expresará, en letras, el lugar, hora, día, mes y año de la notificación, la que firmarán el notificado o un testigo por él, si no pudiere, no supiere o no quisiere firmar, y el Secretario Ejecutivo o un funcionario autorizado por la

Junta Técnica de Contabilidad, quien expresará debajo de su firma, su cargo.

Si la parte que hubiere de ser notificada personalmente no fuera localizada en horas hábiles en la oficina, habitación o lugar designado por ella, en dos días distintos, será notificada por edicto que se fijará en la puerta de dicha oficina o habitación y se dejará constancia en el expediente de dicha fijación, firmando el Secretario Ejecutivo de la Junta Técnica de Contabilidad y el notificador o quien haga sus veces. Una vez cumplidos estos trámites quedará hecha la notificación, y ella surte efectos como si hubiere sido efectuada personalmente.

Los documentos que fuere preciso entregar en el acto de la notificación, serán puestos en el correo el mismo día de fijación del edicto, circunstancia que se hará constar con recibo de la respectiva administración de correo.

OCTAVO: La resolución que decide la denuncia admite recurso de reconsideración o apelación ante la Junta Técnica de Contabilidad o el Ministro de Comercio e Industrias respectivamente, que deberán interponerse dentro de los cinco (5) días hábiles siguientes a la notificación de dicha resolución.

NOVENO: Esta Resolución entrará a regir a partir de su publicación en la Gaceta Oficial y deja sin efecto cualesquiera otras que sobre la misma materia haya sido aprobada anteriormente por la Junta Técnica de Contabilidad.

PUBLÍQUESE Y CÚMPLASE

Dado en la ciudad de Panamá, a los 22 días del mes de septiembre de 2011.

MIEMBROS DE LA JUNTA TÉCNICA DE CONTABILIDAD

Presidenta de la Junta Técnica de Contabilidad

Representantes de las Asociaciones

Representantes de las Universidades

REGLAMENTO DE LA COMISIÓN DE NORMAS TÉCNICAS DE CONTABILIDAD FINANCIERA Y AUDITORÍA (NOCOFIN)

Reglamento de la Comisión de Normas Técnicas de Contabilidad Financiera y Auditoría (NOCOFIN)

[15]RESOLUCIÓN No. 01

Panamá, 13 de febrero de 2020

LA JUNTA TÉCNICA DE CONTABILIDAD

De Conformidad con el Capítulo IV de la Ley 57 de 1 de septiembre 1978

En uso de sus facultades legales,

CONSIDERANDO:

Que de conformidad con el acápite c) del Artículo 14 de la Ley 57 de 1 de septiembre de 1978, corresponde a la Junta Técnica de Contabilidad la vigilancia del ejercicio profesional con el objetivo de que éste se realice dentro del más alto plano técnico y ético, con la colaboración de las Asociaciones Profesionales de la Contabilidad.

---

[15] Publicada en la Gaceta Oficial No. 29084, de 5 de agosto de 2020.

Que el 10 de julio de 1986, a través de la Resolución 39 de 1986, se creó la Comisión de Normas de Contabilidad

Financiera y, para darle reconocimiento oficial, esta resolución se publicó en la Gaceta Oficial No. 20.618 de 14 de agosto de 1986. Esta resolución otorgaba facultades a la Comisión de Normas de Contabilidad Financiera para la aprobación de las normas de contabilidad de aplicación en la República de Panamá.

Que el Código de Ética Profesional para los Contadores Públicos Autorizados establece el cumplimiento obligatorio de las normas de contabilidad financiera.

Que en la Ley 6 de febrero de 2005, se incluyó el Articulo 74, que dice así:

> "Artículo 74: Se adiciona el literal i) al artículo 14 de la Ley 57 de 1978, así:

> Artículo 14, Son funciones de la Junta Técnica de Contabilidad las siguientes:

>> i) Identificar, adoptar, modificar y promulgar, mediante resoluciones, las normas y procedimientos de contabilidad y auditoría que deben aplicar y seguir las empresas,

comerciantes y profesionales, así como velar por su fiel cumplimiento".

PARÁGRAFO 1. Se adoptan como propias y de aplicación en la República de Panamá, las Normas Internacionales de Información Financiera emitidas y que emita el Consejo de Normas Internacionales de Contabilidad (IASB), organismo independiente establecido para promulgar normas contables de aplicación mundial.

PARÁGRAFO 2. Adoptar como propias y de aplicación en la República de Panamá las Normas y Guías Internacionales de Auditoría emitidas y que emita el Comité de Prácticas Internacionales de auditoría de la Federación Internacional de Contadores, para la auditoría de estados financieras.

PARÁGRAFO 3. Facultar a la Comisión de Normas de Contabilidad Financiera (NOCOFIN) para que recomiende las acciones reglamentarias que se requieran, aplicables a las Normas Internacionales de Contabilidad, a las Normas o Guías

Internacionales de Auditoría emitidas por los organismos internacionales.

Que, con base en esta disposición, literal i) del artículo 14, adicionado en la Ley 6 de febrero de 2005, la Junta Técnica de Contabilidad, es la entidad autorizada para identificar, adoptar, modificar y promulgar, las normas técnicas de contabilidad y de auditoría.

Que la Comisión de Normas de Contabilidad Financiera puede recomendar las acciones reglamentarias que se requieran, tal y como está señalado en el PARÁGRAFO 3. del artículo 74 de la Ley 6 de 2005.

Que de acuerdo con la nueva disposición es necesario una nueva resolución que reemplace la Resolución No. 39 de 10 de julio de 1986.

RESUELVE:

PRIMERO: Eliminar la Resolución No. 39 de 10 de julio de 1986, "Por el cual se crea la Comisión de Normas de Contabilidad Financiera de Panamá (NOCOFIN), promulgada en la Gaceta Oficial No. 20.618 de 14 de agosto de 1986".

SEGUNDO: El reglamento de la Comisión de Normas de Contabilidad Financiera de Panamá que de ahora en adelante se denominará Comisión de Normas Técnicas de Contabilidad Financiera y Auditoria (NOCOFIN), quedará en la forma siguiente:

I. OBJETIVOS Y FUNCIONES

Artículo 1. Los miembros de la Comisión de Normas Técnicas de Contabilidad Financiera y Auditoria (NOCOFIN), será designados por las Asociaciones Profesionales de Contabilidad debidamente registradas ante la Junta Técnica de Contabilidad y universidades que la integran, entre sus afiliados y profesores de Contabilidad, respectivamente, como lo prescriben los Artículos 18 y 19 de la Ley 57 de 1 de septiembre de 1978. Estos miembros tomaran posesión ante la Junta Técnica de Contabilidad. El trabajo que realice la Comisión será profesional y técnico, y deberá tener el respaldo de los organismos qué los designaron.

Artículo 2. Los de la Comisión son:

a) Apoyar el cumplimiento de las leyes y disposiciones de las atribuciones que le designe la Junta Técnica de Contabilidad.

b) Analizar los proyectos de normas de contabilidad financiera y de auditoría que emitan organismos internacionales identificados en los PARÁGRAFO 1 y 2 del artículo 74 de la Ley 6 de febrero 2005 y de otros organismos nacionales e internacionales que sean de interés para el país.

c) Recomendar a la Junta Técnica de contabilidad las acciones reglamentarias señaladas en el PARÁGRAFO 3, del artículo 74 de la Ley 6 de febrero de 2005, informándole, sobre las normas de contabilidad y de auditoría, sus aplicaciones y consultas, emitidas por los organismos determinados en la ley o por la Junta Técnica de Contabilidad. También esta Comisión recomendará, con la debida justificación, a la Junta Técnica de Contabilidad sobre la necesidad de aprobar otras normas no emitidas por organismos determinados en dicha ley, necesarias para la información financiera, en el país.

d) Absolver las consultas que se le formulen sobre las normas técnicas de la profesión promulgadas por la Junta Técnica de Contabilidad y sobre otros asuntos que sean de su competencia.

e) Someter a la aprobación de la Junta Técnica de Contabilidad los proyectos discutidos y aprobados en su seno.

f) Analizar los conceptos fiscales nacionales y recomendar sus aplicaciones financieras.

g) Analizar las aplicaciones tecnológicas relacionadas con la profesión y realizar las recomendaciones que considere pertinente para su aplicación en los registros, preparación y presentación de estados financieros.

h) Absolver las consultas que la Junta Técnica de Contabilidad someta a su consideración.

II. DE LOS MIEMBROS Y GOBIERNO DE LA COMISIÓN

Artículo 3. INTEGRACIÓN DE LA COMISIÓN.

La Comisión estará integrada por Contadores Públicos Autorizados designados por los organismos y universidades que conforman la Junta Técnica de Contabilidad.

A partir del 1 de julio de 2020, cada una de las Asociaciones tendrá derecho a designar dos (2) miembros, y las universidades un (1) miembro, cada una, profesor de contabilidad, de la correspondiente universidad, para integrar la Comisión. Hasta esa fecha la Junta Técnica de Contabilidad nombrará los miembros de acuerdo con lo que dispone la Resolución No. 39 de 10 de julio de 1986. Todos los miembros de la comisión tendrán derecho a voz y voto.

Los Contadores Públicos Autorizados deberán tener los siguientes atributos para ser miembro de la Comisión:

a) Tener 8 años o más de experiencia en el ejercicio de la profesión o en docencia en la carrera de Contabilidad.

b) Las Asociaciones y Universidades, tomarán en consideración para la designación, la trayectoria y experiencia profesional en sectores representativos de la Contabilidad y Finanzas en el país y presentarán, a la Junta Técnica de Contabilidad, el perfil de cada uno de ellos para integrar la Comisión.

La vigencia de los nombramientos de los miembros será por tres (3) años. No obstante, los miembros podrán ser reelegidos, por su respectiva Asociación y Universidad.

Artículo 4. DEBERES DE LOS MIEMBROS DE LA COMISIÓN:

a) Reunirse por lo menos una vez cada dos meses y cuando la comisión sea convocada por el presidente de la comisión o por la Junta Técnica de Contabilidad. Las reuniones se podrán efectuar con la mitad más uno de todos los miembros de la comisión. Sus aprobaciones deberán tener el voto positivo de la mitad más uno del total de miembros presentes en la reunión.

b) Participar activamente para lograr los objetivos de la Comisión.

c) Asistir a las Subcomisiones de trabajo, a la cual se le asignó.

d) Cumplir oportunamente con los trabajos que se les asignen

Artículo 5. DERECHOS DE LOS MIEMBROS DE LA COMISIÓN.

a) Elegir y ser elegido miembro de la Junta Directiva de la Comisión

b) Solicitar licencia para ausentarse de las reuniones de la Comisión por razones que sean aceptadas por la Junta Directiva de la Comisión.

c) Presentar a la Junta Directiva proyectos, estudios, informes y propuestas pertinentes relacionados con los objetivos de la Comisión.

Artículo 6. PERDIDA DE LA CONDICIÓN DE MIEMBRO DE LA COMISIÓN.

La condición de miembro de la Comisión se pierde por:

a) El vencimiento de su nombramiento, de acuerdo con este Reglamento. No obstante, los miembros ejercerán sus cargos hasta que se nombren sus reemplazos.

b) Renuncia expresa del miembro ante la Comisión y la Junta Técnica de Contabilidad.

c) Resolución en tal sentido adoptada por la Comisión en los casos de cuatro (4) inasistencias continuas a las reuniones regulares y extraordinarias de la Comisión. Esta Resolución será notificada al afectado, al organismo que lo designó y a la Junta Técnica de Contabilidad, para su debido reemplazo.

Artículo 7. JUNTA DIRECTIVA.

La Comisión tendrá una Junta Directiva compuesta por un presidente, un secretario-tesorero y un vicepresidente, la cual será escogida por sus miembros, inmediatamente después de su toma de posesión por la Junta Técnica de Contabilidad. El presidente debe convocar y presidir las reuniones, nombrar las subcomisiones aprobadas por la Comisión. El secretario tesorero debe redactar las actas de las reuniones de la comisión, llevar la asistencia de los miembros, llevar el tiempo de participación de los miembros y registro, control e informe sobre los fondos que obtenga la comisión. El vicepresidente debe reemplazar al presidente o al secretario, cuando éstos no puedan asistir a las reuniones.

Artículo 8. REUNIONES.

Cada miembro debe participar en las reuniones una vez, por dos minutos, por tema, y una vez más si los demás miembros, ya participaron.

Para discutir la aprobación final de una propuesta, cada miembro podrá participar por dos minutos, antes que el presidente someta la propuesta a la aprobación definitiva.

Artículo 9, CUMPLIMIENTO Y APROBACIÓN

Esta resolución empezara a regir para su cumplimiento a partir de su aprobación por la Junta Técnica de Contabilidad.

NOTIFÍQUESE Y CÚMPLASE,

LCDA. ROSA MELENDEZ
Presidenta de la Junta Técnica
de Contabilidad

MIEMBROS DE LA JUNTA TÉCNICA DE CONTABILIDAD

Licda. Viodelda I. Martínez   Licdo. Feliz F. Argote T.

Licdo. Juan A. Collado   Licdo. José Manuel Chu

Reglamento de la Comisión de Normas Técnicas de Contabilidad Financiera y Auditoría (NOCOFIN)

Licdo. Luis A. Laguerre Romero   Licdo. Aristides Batista González

Licda. Sonia Rodríguez de Newell   Licda. Elba Fernández de Gracia

Licdo. Gustavo Gordon Lay   Licdo. Osvaldo Samaniego Aguilar

Licdo. Carlos A. Magallón M.   Licdo. Alfredo Cuadra López.

Resolución No. 2 de 2022: Que deja establecido que no existe ni ha existido ningún documento denominado "CARNÉ DE IDONEIDAD"

Resolución No. 2 de 2022: Que deja establecido que no existe ni ha existido ningún documento denominado "CARNÉ DE IDONEIDAD"

Resolución No. 2 de 2022: Que deja establecido que no existe ni ha existido ningún documento denominado "CARNÉ DE IDONEIDAD"

Resolución No. 2 de 2022: Que deja establecido que no existe ni ha existido ningún documento denominado "CARNÉ DE IDONEIDAD"

[16]RESOLUCIÓN No, 02
Panamá, 30 de septiembre de 2022

LA JUNTA TÉCNICA DE CONTABILIDAD
En uso de sus facultades legales,

CONSIDERANDO:

Que el ejercicio de la profesión de contador público autorizado está regulado por la Ley 280 de 30 de diciembre de 2021.

Que de conformidad con el numeral 4 del artículo 22 de la Ley 280 de 30 de diciembre de 2021, corresponde a la Junta Técnica de Contabilidad "Vigilar el ejercicio de la profesión de contador público autorizado, con objeto de que este realice dentro del más alto plano técnico, ético y de calidad, con la colaboración y coordinación de las asociaciones profesionales de contadores públicos autorizados y cualquier otro ente de la profesión aprobado por la Junta Técnica de Contabilidad, así como la coordinación con otras entidades reguladoras en materia relacionada con el ejercicio de la profesión de contador público autorizado",

---

[16] Publicado en Gaceta Oficial No. 29748, de 27 de marzo de 2023.

Resolución No. 2 de 2022: Que deja establecido que no existe ni ha existido ningún documento denominado "CARNÉ DE IDONEIDAD"

Que para acreditar la idoneidad de contador público autorizado se requiere de la resolución expedida por la Junta Técnica de Contabilidad con sujeción a las disposiciones de la Ley 280 de 30 de diciembre de 2021.

Que un número plural de instituciones públicas y privadas han estado solicitando a los Contadores Públicos Autorizados panameños un CARNÉ DE IDONEIDAD, que no estaba contenido en la derogada ley 57 de 1 de septiembre de 1978 ni está en la ley 280 de 30 de diciembre de 2021, "Que regula el ejercicio de la profesión de Contador Público Autorizado" en la República de Panamá.

Que el documento mencionado en la Resolución No. 2 de 20 de junio de 2006, es el CARNÉ DE IDENTIFICACIÓN, que no se constituye ni representa la idoneidad profesional de los Contadores Públicos Autorizados Panameños.

Que la idoneidad profesional otorgada a un Contador Público Autorizado panameño por la Junta Técnica de Contabilidad, luego de cumplidos los requisitos establecidos en la ley 280 de 30 de diciembre de 2021, es perpetua, no expira y solamente se puede suspender temporal o definitivamente según las contravenciones

Resolución No. 2 de 2022: Que deja establecido que no existe ni ha existido ningún documento denominado "CARNÉ DE IDONEIDAD"

contenidas en el artículo 29 de la ley 280 de 30 de diciembre de 2021.

RESUELVE:

PRIMERO: Dejar establecido que no existe ni ha existido ningún documento denominado "CARNÉ DE IDONEIDAD" ni en la derogada ley 57 de 1 de septiembre de 1978 ni en la ley 280 de 30 de diciembre de 2021 "Que regula el ejercicio de la profesión de Contador Público Autorizado", ni en ninguna otra disposición legal en la República de Panamá, para permitir, autorizar o de alguna manera reglamentar el ejercicio de los actos propios de la profesión de Contador Público Autorizado en la República de Panamá, a quienes hayan obtenido su idoneidad profesional para ejercer dichos actos, de conformidad con lo contenido en la ley 280 de 30 de diciembre de 2021.

SEGUNDO: Que el "CARNÉ DE IDENTIFICACIÓN" contenido en la resolución No. 2 de 20 de junio de 2006, no es de obligatoria adquisición por el Contador Público Autorizado y en consecuencia su uso es opcional y no es requerido para ejercer los actos propios de la profesión de Contador Público Autorizado, contenidos en la Ley 280 de 30 de diciembre de 2021.

Resolución No. 2 de 2022: Que deja establecido que no existe ni ha existido ningún documento denominado "CARNÉ DE IDONEIDAD"

TERCERO: Que con fundamento en los resueltos anteriores, ninguna institución pública o privada puede solicitar o exigir el documento denominado "CARNÉ DE IDONEIDAD" para que un Contador Público Autorizado pueda ejercer su profesión, porque tal documento no tiene fundamento jurídico en la República de Panamá y su solicitud o exigencia vulnera el contenido del artículo 40 de la Constitución Política de la República de Panamá, que se refiere al libre ejercicio de las profesiones liberales, los oficios y las artes.

CUARTO: Esta resolución comenzará a regir a partir de la fecha de su promulgación.

FUNDAMENTO LEGAL: Ley No. 280 de 30 de diciembre de 2020 y Ley 41 de 2007.

NOTIFÍQUESE Y CÚMPLASE

MIEMBROS DE LA JUNTA TÉCNICA DE CONTABILIDAD

Licdo. Anael M. Carrasquilla Duarte
Presidente de la Junta Técnica
de Contabilidad

Resolución No. 2 de 2022: Que deja establecido que no existe ni ha existido ningún documento denominado "CARNÉ DE IDONEIDAD"

Lcdo. Ricaurte Duran Lcdo.
Secretario

Néstor Oscar Paz Díaz
Asociación de
Contadores Públicos
Autorizados de Panamá

Lcda. Rebeca Esther Rangel
Asociación de Mujeres
Contadoras Públicas
Autorizadas de Panamá

Lcda. Ladia Osiris Aguilera M.
Colegio de Contadores
Públicos Autorizados
de Panamá

Lcdo. Augusto Cesar Rodríguez
Movimiento de Contadores
Públicos Independientes

Lcdo. Ricardo Díaz
Universidades Particulares
de Panamá

Made in the USA
Columbia, SC
19 August 2024

6720e6c8-84d7-4a70-9727-e2cee0e62e9fR02